杭州优秀传统文化丛书
Hangzhou Youxiu Chuantong Wenhua Congshu

家门口的古井

雷位卫 —— 著

杭州出版社

图书在版编目（CIP）数据

家门口的古井 / 雷位卫著. -- 杭州：杭州出版社，2022.8
（杭州优秀传统文化丛书）
ISBN 978-7-5565-1688-9

Ⅰ.①家… Ⅱ.①雷… Ⅲ.①水井—介绍—杭州 Ⅳ.① K928.79

中国版本图书馆 CIP 数据核字（2022）第 003179 号

Jia Menkou de Gujing
家门口的古井
雷位卫 / 著

责任编辑	杨清华
文字编辑	林小慧
装帧设计	李轶军　祁睿一
美术编辑	章雨洁
责任校对	陈铭杰
责任印务	姚　霖
出版发行	杭州出版社（杭州西湖文化广场32号6楼）
	电话：0571-87997719　邮编：310014
	网址：www.hzcbs.com
排　版	浙江时代出版服务有限公司
印　刷	天津画中画印刷有限公司
经　销	新华书店
开　本	710 mm×1000 mm　1/16
印　张	15
字　数	187千
版 印 次	2023年1月第1版　2023年1月第1次印刷
书　号	ISBN 978-7-5565-1688-9
定　价	58.00元

（版权所有　侵权必究）

序 言

文化是城市最高和最终的价值

我们所居住的城市，不仅是人类文明的成果，也是人们日常生活的家园。各个时期的文化遗产像一部部史书，记录着城市的沧桑岁月。唯有保留下这些具有特殊意义的文化遗产，才能使我们今后的文化创造具有不间断的基础支撑，也才能使我们今天和未来的生活更美好。

对于中华文明的认知，我们还处在一个不断提升认识的过程中。

过去，人们把中华文化理解成"黄河文化""黄土地文化"。随着考古新发现和学界对中华文明起源研究的深入，人们发现，除了黄河文化之外，长江文化也是中华文化的重要源头。杭州是中国七大古都之一，也是七大古都中最南方的历史文化名城。杭州历时四年，出版一套"杭州优秀传统文化丛书"，挖掘和传播位于长江流域、中国最南方的古都文化经典，这是弘扬中华优秀传统文化的善举。通过图书这一载体，人们能够静静地品味古代流传下来的丰富文化，完善自己对山水、遗迹、书画、辞章、工艺、风俗、名人等文化类型的认知。读过相关的书后，再走进博物馆或观赏文化景观，看到的历史遗存，将是另一番面貌。

过去一直有人在质疑，中国只有三千年文明，何谈五千年文明史？事实上，我们的考古学家和历史学者一直在努力，不断发掘的有如满天星斗般的考古成果，实证了五千年文明。从东北的辽河流域到黄河、长江流域，特别是杭州良渚古城遗址以距今5300—4300年的历史，以夯土高台、合围城墙以及规模宏大的水利工程等史前遗迹的发现，系统实证了古国的概念和文明的诞生，使世人确信：这里是古代国家的起源，是重要的文明发祥地。我以前从来不发微博，发的第一篇微博，就是关于良渚古城遗址的内容，喜获很高的关注度。

我一直关注各地对文化遗产的保护情况。第一次去良渚遗址时，当时正在开展考古遗址保护规划的制订，遇到的最大难题是遗址区域内有很多乡镇企业和临时建筑，环境保护问题十分突出。后来再去良渚遗址，让我感到一次次震撼：那些"压"在遗址上面的单位和建筑物相继被迁移和清理，良渚遗址成为一座国家级考古遗址公园，成为让参观者流连忘返的地方，把深埋在地下的考古遗址用生动形象的"语言"展示出来，成为让普通观众能够看懂、让青少年学生也能喜欢上的中华文明圣地。当年杭州提出西湖申报世界文化遗产时，我认为这是一项需要付出极大努力才能完成的任务。西湖位于蓬勃发展的大城市核心区域，西湖的特色是"三面云山一面城"，三面云山内不能出现任何侵害西湖文化景观的新建筑，做得到吗？十年申遗路，杭州市付出了极大的努力，今天无论是漫步苏堤、白堤，还是荡舟西湖里，都看不到任何一座不和谐的建筑，杭州做到了，西湖成功了。伴随着西湖申报世界文化遗产，杭州城市发展也坚定不移地从"西湖时代"迈向了"钱塘江时代"，气势磅礴地建起了杭州新城。

从文化景观到历史街区，从文物古迹到地方民居，众多文化遗产都是形成一座城市记忆的历史物证，也是一座城市文化价值的体现。杭州为了把地方传统文化这个大概念，变成一个社会民众易于掌握的清晰认识，将这套丛书概括为城史文化、山水文化、遗迹文化、辞章文化、艺术文化、工艺文化、风俗文化、起居文化、名人文化和思想文化十个系列。尽管这种概括还有可以探讨的地方，但也可以看作是一种务实之举，使市民百姓对地域文化的理解，有一个清晰完整、好读好记的载体。

传统文化和文化传统不是一个概念。传统文化背后蕴含的那些精神价值，才是文化传统。文化传统需要经过学者的研究提炼，将具有传承意义的传统文化提炼成文化传统。杭州与丛书作者在创作方面作了种种古为今用、古今观照的探讨交流，还专门增加了"思想文化系列"，从杭州古代的商业理念、中医思想、教育观念、科技精神等方面，集中挖掘提炼产生于杭州古城历史中灵魂性的文化精粹。这样的安排，是对传统文化内容把握和传播方式的理性思考。

继承传统文化，有一个继承什么和怎样继承的问题。传统文化是百年乃至千年以前的历史遗存，这些遗存的价值，有的已经被现代社会抛弃，也有的需要在新的历史条件下适当转化，唯有把传统文化中这些永恒的基本价值继承下来，才能构成当代社会的文化基石和精神营养。这套丛书定位在"优秀传统文化"上，显然是注意到了这个问题的重要性。在尊重作者写作风格、梳理和讲好"杭州故事"的同时，通过系列专家组、文艺评论组、综合评审组和编辑部、编委会多层面研读，和作者虚心交流，努力去粗取精，古为今用，这种对文化建设工作的敬畏和温情，值得推崇。

人民群众才是传统文化的真正主人。百年以来，中华传统文化受到过几次大的冲击。弘扬优秀传统文化，需要文化人士投身其中，但唯有让大众乐于接受传统文化，文化人士的所有努力才有最终价值。有人说我爱讲"段子"，其实我是在讲故事，希望用生动的语言争取听众。今天我们更重要的使命，是把历史文化前世今生的故事讲给大家听，告诉人们古代文化与现实生活的关系。这套丛书为了达到"轻阅读、易传播"的效果，一改以文史专家为主作为写作团队的习惯做法，邀请省内外作家担任主创团队，组织文史专家、文艺评论家协助把关建言，用历史故事带出传统文化，以细腻的对话和情节蕴含文化传统，辅以音视频等其他传播方式，不失为让传统文化走进千家万户的有益尝试。

中华文化是建立于不同区域文化特质基础之上的。作为中国的文化古都，杭州文化传统中有很多中华文化的典型特征，例如，中国人的自然观主张"天人合一"，相信"人与天地万物为一体"。在古代杭州老百姓的认知里，由于生活在自然天成的山水美景中，由于风调雨顺带来了富庶江南，勤于劳作又使杭州人得以"有闲"，人们较早对自然生态有了独特的敬畏和珍爱的态度。他们爱惜自然之力，善于农作物轮作，注意让生产资料休养生息；珍惜生态之力，精于探索自然天成的生活方式，在烹饪、茶饮、中医、养生等方面做到了天人相通；怜惜劳作之力，长于边劳动、边休闲娱乐和进行民俗、艺术创作，做到生产和生活的和谐统一。如果说"天人合一"是古代思想家们的哲学信仰，那么"亲近山水，讲求品赏"，应该是古代杭州人的生动实践，并成为影响后世的生活理念。

再如，中华文化的另一个特点是不远征、不排外，这体现了它的包容性。儒学对佛学的包容态度也说明了这一点，对来自远方的思想能够宽容接纳。在我们国家的东西南北甚至是偏远地区，老百姓的好客和包容也司空见惯，对异风异俗有一种欣赏的态度。杭州自古以来气候温润、山水秀美的自然条件，以及交通便利、商贾云集的经济优势，使其成为一个人口流动频繁的城市。历史上经历的"永嘉之乱，衣冠南渡"，"安史之乱，流民南移"，特别是"靖康之变，宋廷南迁"，这三次北方人口大迁移，使杭州人对外来文化的包容度较高。自古以来，吴越文化、南宋文化和北方移民文化的浸润，特别是唐宋以后各地商人、各大商帮在杭州的聚集和活动，给杭州商业文化的发展提供了丰富营养，使杭州人既留恋杭州的好山好水，又能用一种相对超脱的眼光，关注和包容家乡之外的社会万象。这种古都文化，也代表了中华文化的包容性特征。

城市文化保护与城市对外开放并不矛盾，反而相辅相成。古今中外的城市，凡是能够吸引人们关注的，都得益于与其他文化的碰撞和交流。现代城市要在对外交往的发展中，进行长期和持久的文化再造，并在再造中创造新的文化。杭州这套丛书，在尽数杭州各色传统文化经典时，有心安排了"古代杭州与国内城市的交往""古代杭州和国外城市的交往"两个选题,一个自古开放的城市形象,就在其中。

  "杭州优秀传统文化丛书"团队在传统和现代的结合上,想了很多办法,做了很多努力。传统文化丛书要得到广大读者接受,不是件简单的事。我们已经走在现代化的路上,传统和现代的融合,不容易做好,需要扎扎实实地做,也需要非凡的创造力。因为,文化是城市功能的最高价值,也是城市功能的最终价值。从"功能城市"走向"文化城市",就是这种质的飞跃的核心理念与终极目标。

2020 年 9 月

(单霁翔,中国文物学会会长)

湖山佳趣图（局部）

目 录

第一章
势分三足鼎，钱塘出"龙湫"——三国古井

002　西湖龙井茶源头在这里
　　　——老龙井

第二章
古井泠然见证衣冠南渡——晋代古井

014　堪舆大师一次绝妙的井址"点穴"
　　　——郭婆井

025　这口井的井水不犯河水
　　　——塘栖古镇郭璞井

033　葛仙翁炼丹用过的井水有益寿之效？
　　　——炼丹古井与还丹古井

040　梁山伯和祝英台曾在这里留"合影"？
　　　——梁祝双照井

第三章
王者宰相为杭州留下的大功德——唐代古井

050　李相国"下穿水道"引来西湖水解杭州渴
　　　——相国井

067	钱王开启"群攻"模式挖了九十九口井
	——百井坊巷
074	钱镠麾下武将也是个"凿井狂"
	——新登唐代古井

第四章
一口大井，盛下一部"十国春秋"——五代古井

| 080 | 号称第一的百姓圣水 |
| | ——钱塘第一井 |

第五章
凡有井水处，皆能歌柳词——宋代古井

090	古井竟用铁井圈是什么原因？
	——淳安铁井
096	女诗人在这口井旁吟风弄月
	——朱淑真故里井
104	吸引了两个皇帝驻跸的地方有什么奇井？
	——龙居寺珍珠井
109	仙人、皇帝、宰相和这三口井都扯上了关系
	——西溪三井
117	得道高僧带他找到"酒泉"
	——金泉井

122 岳王忠泉千古洌
　　——忠泉井和银瓶井
129 内侍"修仙"竟是这口井的缘起
　　——紫阳泉井
138 善心柳翠为百姓捐建水井
　　——柳翠井
145 济公破扇摇，木头井中出
　　——运木古井

第六章
要留清白在人间——明代古井

158 忠臣于谦用忠泉的水泡过茶
　　——于氏古井
165 修拱宸桥时的生活用水从哪里来？
　　——拱宸桥西老井

第七章
古井里装满了高官富商的沉与浮——清代古井

174 多口井也难灭火，二十卷书被烧掉
　　——四牌楼和十五奎巷古井
181 传说铁拐李的洗脚水居然浸进泡药材的井里
　　——朱养心膏药店古井

188　这家药铺内的井里藏着什么秘密？
　　——方回春堂古井
194　"江南第一豪宅"藏着的炼丹"秘籍"
　　——胡雪岩故居古井
202　捐修六和塔的大善人家的井长什么样？
　　——朱智故居井
209　"大学士府"里的井引出的故事
　　——清吟巷古井

第八章

银行家宅院里的老井故事——民国古井

216　这尊"金菩萨"为啥要在房子旁挖这么多井？
　　——居仁里金家老井

第一章

势分三足鼎，钱塘出『龙湫』
——三国古井

> 君王礼英贤，不吝千金璧……从容冰井台，清池映华薄。
> ——〔南朝〕江淹《杂体三十首·陈思王赠友》

西湖龙井茶源头在这里
——老龙井

外地游客到了杭州,除了看西湖之外,还要品一品西湖龙井茶,否则,杭州就算白去了。龙井一般是指位于西湖风景名胜区西南面狮峰山下龙井村的"老龙井"。秦少游的《龙井记》写道:"龙井……当西湖之西,浙江之北,风篁岭之上,实深山乱石之中泉地。"具体位置在龙井村西北隅旧广福院(胡公庙)旁的山崖下。龙井泉池呈半月形,长宽约3米,深约2.5米,是人工垒砌而成的。石壁上有一石刻龙头,龙头有水注入下面池里的石井圈。井水非常清澈,"一泓寒碧,清洌异常"①。龙井又名龙湫,相传晋代炼丹家葛洪在这里炼过丹。后来各种神话传说加以附会,称井里有龙居住,这当然是无稽之谈。但西湖龙井茶天下闻名,让人不由自主会联想到,能产出如此好茶的地方,一定有非常多的神奇故事。

品着龙井茶,悠悠的茶香,让我们穿越历史的烟云,来到了明正统十三年(1448)的夏天。这一年杭州大旱。一天,龙井旁,一伙人正在忙碌着……

"快着点啊,别磨磨蹭蹭的,这么热的天儿,到处都没水,不把这龙井清淘好,我们都得渴死在这风篁岭。"说话的这个中年人,白面无须,话音又尖又厉,却有着

① 〔明〕张岱:《西湖梦寻》。

老龙井

一种不容置辩的威严。附近一棵大树上,一只蝉在"热死啊热死啊"地鸣叫,像是在为他的话作呼应。他站在一块大石上,对着正在清淘龙井的士兵们大声吆喝。话音刚落,一个军官来到他面前,单膝下跪,行了个军礼,朗声说:"李大人,您放心,弟兄们以前行军打仗,干过好多次淘井的活,绝不含糊。"李大人微微点了点头,就去旁边的椅子上坐着,旁边的侍女忙端上一杯热腾腾的茶,他早忘了刚还说过"渴死"的话,揭开杯盖,轻轻呷了一口,龙井茶的清香直透鼻腔,一股热流从口到胃,感觉全身毛孔都舒张开,惬意极了。夏日的风篁岭,依然保持着清凉,一会儿,李大人就在椅子上睡着了。

这位李大人是皇帝派到浙江的镇守太监李德。太监外派当官,这在前朝都很少见。明代在朱元璋时代本来是禁止内官干政的,老朱还专门刻了个"内臣不得干预政事,预者斩"的铁牌子,挂在宫门之上,但到了永乐帝朱棣之后,这个规定就有了松动。洪熙元年(1425),明仁宗朱高炽以王安为甘肃镇守太监,这就开始了派驻镇守太监的先例。宣德年间，皇宫中还开设内学堂，对太监进行教育，有了知识"武装"的太监们正式登堂入室。到了正统年间，明英宗宠信太监王振，各省各镇都有了镇守太监，起初时只限于军事，但后来地方的行政也逐渐受到干预。

蝉声中，镇守太监李德在椅子上睡着了。他梦到了皇宫，皇帝在远处的宫中坐着，旁边巍峨的殿宇高耸，檐牙高啄，一条甬道很长，他走啊走啊，总是走不到皇帝那里，他累得大汗淋漓。这时，几个太监拿着小刀，狞笑着向他走来，对着他的下身就是一刀。他"啊"的一声，惊醒过来。旁边的侍女和几个侍卫忙过来问李大人怎么了。正在这时，淘井那边的士兵们也发出了一声惊呼："金子！"李德接过侍女递来的毛巾一边擦汗，一边问："那边什么金子？"一会儿，只见先前那个军官手里拿着两块东西过来。李德定睛一看，虽然两块东西上覆盖着黑乎乎的泥沙，但擦去泥沙，一块金锭一块银锭就赫然出现在眼前，再擦拭之后，发现金银锭都有大宋元丰的年号。那军官高兴地说："李大人，没想到这井里还有宝贝呢。"李德说："先放着，你等加把劲，再往下淘，看看还有什么东西。"那军官得令而去。一会儿工夫，军官又来回报，又挖到了铁牌二十四面、玉佛一座。听到里面有尊玉佛，李德坐不住了，忙赶到井边，见军士们把玉佛和铁牌之类随意堆放在旁边，气冲冲地骂道："你们几个小东西，这么不小心，这是佛祖爷爷，还不赶快供起来？"大家忙找来一块方石，把玉佛供在上面，李德忙跪下磕头。龙井里这时一池浊水，士兵们又继续往下清淘，突然有个士兵喊："大人，这里有块大石挡住，挖不下去了！"李德一听，眉头皱了一下，说："不管啥石头，也刨开了，这样龙井才能出水啊！"

那军官忙叫士兵们动起手来，先从石头四面下手，挖出一角,再套上绳子,用了八十来个精壮士兵,使劲拉。终于这石头松动,被拉了上来。这石头有六尺多高,形状奇特,仔细一看,大石上刻着"神运"两个大字,旁边有不少款识,已经漶漫,认不出了。大石下面,又清淘出铁牌十五面,银条两根,上面刻着三国时吴国赤乌年号。这些东西大概都是以前的人祈雨时投进井里,祭祀龙神的。这神运石吊起一阵,李德又坐回椅子,只等士兵们把龙井清淘之后来向他交差。经过一阵忙活,龙井清淘干净了。李德命士兵们小心翼翼地将挖出的东西都放回井里。龙井的水已经重新涌出,水质清澈,寒意沁人。李德又让人把旁边的插剑、浣花、浴麟三口井疏淘干净,总算完成了风篁岭上古井的整治,缓解了当时驻军的饮水问题。李德是交趾人,自幼就聪明伶俐,读书尤其厉害,可谓一目十行,从洪武年间净身入宫后,经历了六个皇帝,后来成为镇守太监。他和风篁岭有着不解的缘分,死后也葬于风篁岭下。

李德淘井淘出来的金银、玉佛、铁牌,大多是三国与宋时当地祈雨的祭物。从这些祭物可以看出,三国时期,在龙井祈雨就成为杭州的风俗,而且这种祈雨活动还带着浓厚的官方气息。在宋神宗时代,更是把这一活动推向高潮。所以秦少游在《龙井记》中写道:"夫蓄之深者发之远,其养也不苟,则其施也无穷。龙井之德,盖有至于是者。则其为神物之托也,亦奚疑哉?"

被尊称为"胡公大帝"的胡则的墓和庙,就建在龙井旁边。胡则于北宋乾德元年(963)生于婺州永康(今浙江金华永康)。在他四十七年的仕宦经历中,历任太宗、真宗、仁宗三朝,先后知浔州、睦州、温州、福州、杭州、陈州等十州,任尚书户部员外郎、礼部郎中、工部侍郎、兵部侍郎、权三司使等官职。他清正,又很有头脑,在任期间政绩卓著,做了很多利国利民的好事。最值得称道的是宋仁宗明道元年（1032），因浙江一带的税赋很重，尤其是身丁钱，让很多家庭不堪重负。身丁钱是人口税，是朝廷向成年男子征收的一种赋税。此制自汉朝开始，历代相沿，称名各异，赋额不一。宋朝建立之后仍然沿用。当年江淮一带大旱，胡则就向仁宗皇帝进谏，请求免除衢州和婺州两地老百姓的身丁钱，仁宗答应了他的请求。百姓感恩，就在胡则家乡的方岩山顶，他小时候念书的地方，立庙纪念他。胡则去世后，就葬在凤篁岭的龙井旁。南宋绍兴三十二年（1162），杭州百姓称胡公已经成神，非常灵验，请求皇帝赐封。于是宋高宗用"赫灵"两字作为胡公的庙额。老百姓就都称他为"胡公大帝"，在他的生日农历的八月十三，隆重祭拜。

北宋元丰二年（1079），一位高僧来到了龙井寿圣院，他法号辩才，这时已经是古稀高龄了，瘦长的身躯，远远望去就像鹳与鹄那样。辩才大师以前在上天竺做住持时，与很多文人雅士多有来往，尤其是与苏东坡的交情更是传为佳话。早在熙宁四年（1071），苏东坡赴杭

宋广福院

任通判。那年苏东坡三十六岁，比辩才大师小了二十多岁，可谓忘年之交。相传苏东坡的次子苏迨，可能患有先天性的疾病，生下来头型长长的，以至于到四岁还不能下地走路。苏东坡苦恼万分，到处求医问药，但也不见效。辩才大师一次和苏东坡谈天时，了解到这一情况，便亲自为苏迨治病。没想到效果非常明显，没过多久，苏迨就活蹦乱跳，在地上跑来跑去了。苏东坡写下了"我有长头儿，角颊崝犀玉。四岁不知行，抱负烦背腹。师来为摩顶，起走趁奔鹿"的诗。辩才大师在上天竺寺做住持时事务繁忙，就想寻找一个清净之地。找来找去，找到了龙井附近的寿圣院。这寿圣院是五代吴越国时期钱弘佐修建的，辩才大师去的时候，只剩下几间破破烂烂的房子，条件十分艰苦。他请徒弟怀益将寺里的佛事承担起来，加上众多信士出钱出力，寿圣院很快就恢复了往日的荣光。辩才静下心来，除了修行之外，还带着其他僧人在龙井附近开山种茶，他们种的茶加上龙井的水，一时名声大振，有缘尝到龙井茶的人都会啧啧称赞。

寿圣院修缮完成后，来拜佛的人越来越多，香火渐旺。因当时逢着几次旱情，官府来龙井祈求龙神降雨，作为龙井旁边的寺僧，就会作为仪式的执行者，将铁牌、金银等放进井里。明代镇守太监李德清淘出来的宋代金银锭，都刻有"元丰"字样，大概是辩才大师在寿圣院住持时的祈雨祭物。

北宋元祐四年（1089）的一个秋日，新任杭州知州的苏东坡又来到龙井旁的寿圣院拜访辩才大师。这时辩才大师已经七十九岁高龄，但两人仍然十分投契，"尝茶看画亦不恶，问法求诗了无碍"。喝着龙井茶，谈着佛经和诗词，再尝一尝寺内的素斋，苏东坡这位"市领导"感到非常惬意，毕竟两人已经有好几年不见了。日影西移，转眼就到了傍晚，苏东坡起身告辞。辩才和他好像有说不完的话，边走边谈，前面一条山溪，溪水淙淙，两旁怪石嶙峋，树木葱茏，看不出一点秋意。晚宿的鸟儿在寻找鸟巢，空山鸟鸣、人语，显得山更静，景更幽。不知不觉，两人已经走过了山溪上的石桥，仍没停下脚步。这时，陪着辩才出来的和尚说："远公，您已经送过虎溪了！"辩才这才察觉，两人已经过了虎溪。原来，辩才因为年老体衰，来访的人又多，疲于应付，就写了个告示说自己"殿上闲话，最久不过三炷香；山门送客，最远不过虎溪"。这次和苏东坡聊天，哪才三炷香工夫？而自己亲自相送，已经过了虎溪。他笑着说："杜甫说过，'与子成二老，来往亦风流'，这也是和子瞻先生的一段佳话啊！"

为纪念和苏东坡的这段缘分，辩才在山上造了座亭子，取名为"过溪亭"，后来大家都称"二老亭"，溪上的那座小石桥改名为"过溪桥"。建成后，辩才作《龙井新亭初成诗呈府帅苏翰林》，其中，有"煮茗歇道论，奠爵致龙优。过溪虽犯戒，兹意亦风流"的句子。苏东坡也记述了这次相会，并挥毫写下了和诗："我比陶令愧，师为远公优。送我还过溪，溪水当逆流。"苏东坡的这首和诗并序，成了著名的《次辩才韵诗帖》，同时展现了苏东坡书法的神韵。

在苏东坡第二次来杭州之前，还有一位名臣，也和辩才结下了不解之缘。他就是号称"铁面御史"，做官清廉，仅以一琴一鹤随身的赵抃。赵抃知杭州期间，曾在儿子赵屼的陪同下，到龙井和辩才相见，留下了"珍重老师迎厚意，龙泓亭上点龙茶"的诗句，而辩才也和诗"公年自尔增仙禄，几度龙泓咏贡茶"。这说明在北宋，龙井的茶就被作为贡茶，呈献给皇帝了。

当年辩才大师种下的茶树，到了清代还有十八株，

龙井边的溪

这十八株茶树产出的茶叶非常好喝。特别会享受生活的乾隆皇帝六次下江南，就曾到龙井游玩、品茶。那天，天气晴朗，乾隆和几个大臣慢慢走上山来，在龙井旁驻足。乾隆突发雅兴，问道："这龙井下面，是否真有龙呢？"一个大臣说："古代传说龙井下面接着海眼，深不可测，有没有龙倒是不得而知。"另一位溜须拍马的大臣说："怎么没有？今天皇上驾临风篁岭，这就是真龙天子啊！"乾隆明知道他是奉迎之辞，但还是挺受用，呵呵笑着说："今天朕就要好好尝尝这龙井的水。"

龙井旁佛寺的住持把乾隆请进庙里，奉上刚泡的新茶，还说，这茶是清明前在龙井旁的十八株宋代茶树上摘的，水就是用的龙井水，经过仔细过滤的。乾隆见茶碗里的龙井茶叶形舒展，茶水翠绿，心里十分喜悦，轻轻喝了一口，觉得满口余香，一盏茶下去，感觉神清气爽。他突然想到太后这次也一起来了杭州，却因天气转热，南方又较为潮湿，太后眼疾发作，视物不清，本来也要出来看看山水的，却只好作罢。乾隆想到这里，就问太医，这龙井茶的茶性如何,能否给太后喝。太医说,这风篁岭风景秀丽,林木幽深,茶性应是清凉,对太后的眼睛大有好处。乾隆便亲自在胡公庙前采茶,特意叫人带了几包回去。没想到,太后喝了龙井茶之后,感觉十分舒服,眼睛不肿胀了,再喝一天之后,竟全好了。乾隆大喜过望,于是把那十八株茶树都封为御茶,每年要向皇宫进贡。乾隆还对龙井附近的风景十分欣赏,御笔亲书了"龙井八景"匾额。

有了皇帝的御笔,加上佛家大师与著名文人、清官的"助力",以及灵山秀水孕育出的好茶叶,龙井成为驰名天下的景点,龙井茶成为中国十大名茶之一。

当然,关于龙井和龙井茶的传说还有很多。且让我们徜徉在这秀丽的湖山之间,慢慢地品味吧。

龙井小档案

龙井一般是指位于西湖风景名胜区西南面狮峰山下龙井村的"老龙井"。龙井泉池位于龙井村西北隅宋广福院旁的山崖下,呈半月形。

参考文献

〔明〕田汝成:《西湖游览志》,上海古籍出版社,2017年。

杭州市人民政府城市管理办公室、政协杭州市上城区委员会编著:《杭州的井》,中国美术学院出版社,2010年。

蒋文欢主编,杭州市人民政府地方志办公室编:《杭州精览》,浙江人民出版社,2018年。

第二章 古井泠然见证衣冠南渡——晋代古井

益作井,龙登天;凿后土,洞黄泉。潜源浐臻,漓漓涓涓;幽溟圆渟,淡洞深玄。

——〔晋〕郭璞《井赋》

堪舆大师一次绝妙的井址"点穴"
——郭婆井

清晨,客舍窗外阳光明媚,几棵柳树已绽出新芽,两只黄莺在柳林间婉转地欢叫,空气中荡漾着花香,钱唐①的春天真美。

郭璞却在屋里踱过来又踱过去,很是烦躁。本来,他跑这么远的路,是想趁闲暇之时,饱览钱唐的湖光山色,顺带完成自己的堪舆学著作《葬经》(亦名《葬书》)的,没想到,刚到钱唐的第二天,自己美貌的婢女就病倒了。郭璞很后悔出门之前,没有为她也算上一卦。郭璞很喜欢这个婢女。说起来,为了她,自己还颇费了一番心思呢。

这时,仆人进来说,郎中已经给婢女开了药,但专门提醒不要用井水煎药,这里的井水又咸又涩,煎药会降低药效,最好是去钱唐湖(唐以后称西湖)里取水,要走几里路,会耽搁些时间。郭璞就让仆人快去快回。他心里纳闷,猛然想到《周易》的"井卦"中的"井泥不食""井渫不食",感叹道:"钱唐乃东南形胜之地,风景这么美的地方,竟没有清甜的井水?"

郭璞以前一直生活在北方,父亲郭瑗曾做过尚书杜预的属员,后来当过建平太守。郭璞也算是个"官二代",

① 今浙江杭州。唐武德四年(621)为避国号讳,改钱唐为钱塘。

郭璞像

第二章 古井泠然见证衣冠南渡——晋代古井

但比起其他大士族来说，又上不了台面，所以他尽管通晓五行、天文、卜筮之术，通达冥冥的玄机，就算是京房、管辂这样的人也比不上他，而且他还擅长写诗作赋，尤其是游仙诗更是名冠当时，可谓博学多才，但仕途却不如意。

举家从北方往南迁，实际上是不得已的。早在晋惠帝和晋怀帝统治期间，郭璞根据一些迹象，就预见了国家变乱的结果。他长叹一声："哎呀，这次惨了，老百姓要被异族统治，我们的家乡也要抛荒了！"于是他提前约上数十户人家，准备举家往南迁移避乱。搬家是要不少钱的，怎么办？郭璞就去找将军李固借川资。刚到李固家，却被拦在外面，门人告诉郭璞，说将军的好马死了，不见客。郭璞一推算，说，我能让马活过来。

李固听到，赶紧出来，却不太相信。郭璞就让他安排二三十个强壮的人，拿着长棍子，往东走三十里，看到山坡树林或者土地庙，就用长棍拍打，看到一个动物就捉回来。这些人就出发了，走了三十里，到了一个地方，长棍拍打一阵，就跳出一个很像猴子的怪兽，大家赶紧捉了，扛到郭璞面前。郭璞将这小怪兽放在死马面前，它一见死马就开始使劲地吸马鼻子。说来也怪，吸了一阵，这马居然就可以站起来了，而且打着响鼻，长声嘶叫，一转眼，小怪兽却不见了。李固高兴得脸都灿烂了，给了郭璞很多钱。郭璞的搬迁费用总算不愁了。这个被史书记载的事情十分怪异，从现代人的角度来看，可能这匹马是被什么物体堵住了气管，暂时无法呼吸，人们就以为它死了，而这个小怪兽，会不会是郭璞训练过的动物，只是如此"表演"一番呢？

说搬就搬。但郭璞的搬家大部队走到庐江，就走不动了。原来是庐江郡的太守胡孟康要请他算卦。这胡孟康被当时还是丞相的司马睿召为军谘祭酒，但他长时间在庐江当官，当地也很太平，哪里舍得放弃官位往南迁移，去当什么相当于"参谋长"的军谘祭酒？郭璞本来不太愿意在庐江停留，但经不住老胡的左缠右磨，就答应了。

那天傍晚，胡孟康备好酒菜，请郭璞入席。两人对面刚坐好，一个十分漂亮的婢女就过来，为郭璞斟酒。在酒精的作用之下，郭璞突然觉得自己对她有了初恋的感觉。但在席间，他隐隐觉得这婢女神情哀怨，感觉背后必有故事，就想弄个明白。

念头一动，他就放开了胆，竟喝得醺醺然如玉山倾倒。到了半夜，郭璞才醒过来。婢女还在旁侍候，郭璞见婢女眼圈红红的，旁边又没有其他人，就追问婢女到底遇到了什么事？婢女一下就哭了，却不肯告诉郭璞原因，郭璞反而铁了心，想要帮她，就说："你别怕，说了之后，我为你做主。"经过郭璞再三追问，婢女才说自己经常受到胡孟康夫人的责骂和殴打。郭璞看了婢女手臂上的伤痕，慨然道："你等着，过几天我就带你离开这里。"这姑娘看着郭璞，感觉他不像是在骗她，虽心里还是有些怀疑，但仍抱着一丝希望，忙跪下磕头。郭璞让她附耳过来，低声交代了一番。

第二天早上，郭璞洗了脸，净了手，到神位面前算卦。郭璞随身带着蓍草，一番拜舞之后，就对胡孟康说："不妙啊，这是大败之象，对您的前途很不利啊，要赶快想办法才行。"胡孟康心里不悦，却摇头说不相信。

郭璞见胡孟康不信，就赶快收拾行李准备开溜，心里却在想怎么救出那个婢女，自己答应了救她离开胡孟康家的，这个诺言还是不能违背。但明里向老胡要吧，他不信自己的卦，没有点滴之功，这个口就不好开。明码实价地买吧，又怕老胡舍不得，就算肯卖，那价钱自己肯定也付不起。他想了想，明着来肯定不行，不如施个巧计，虽说对老胡来说有点不厚道，但也顾不得了。于是，就跟胡孟康说自己要离开，老胡赶紧置办酒席，两人又痛饮了一回。

清晨，胡孟康伸着懒腰起床，感到头晕得厉害，走到窗前，奇怪了，他猛然发现房子四周都是穿着红衣服的人，把自己家给包围了！再仔细一看，红衣人却又不见了，过一会再看，又有了。胡孟康心里十分厌恶，赶紧把郭璞找来，说了这事，让他算算吉凶。郭璞心底暗笑，却一本正经地算了一卦说："这些红衣人都是从您庭院的井里出来的，这口井有些古怪。我算了一下，您找来陪我喝酒的婢女有问题啊，很不利您，要赶紧把她送到东门二十里以外去卖了，而且不能讨价还价，这样才能破解这个事情。"胡孟康一听,赶紧喊人,把婢女送到二十里以外去卖了。这婢女想起郭璞给自己说过的计策,也没挣扎,顺从地跟着府里的仆役出门了。郭璞早派人在那边的路旁等候,看见太守衙门的仆役把婢女押送过来,插上草标要卖,赶紧上前报价,那边的仆役哪敢还价?婢女就被郭璞买到手了。等胡孟康的仆役回来报告之后,郭璞心里喜滋滋的,就装模作样地画了一道符,让人投入庭院的井里。郭璞再请胡孟康吃了一粒自己的丹药,老胡就看见那些红衣人一个个都往井里跳,之后就再也看不见了。胡孟康大喜过望,他佩服郭璞的"法术"厉害,还送了不少盘缠。郭璞心里窃喜,带着家人和这个婢女,过江一路往南。是不是郭璞在老胡的酒里放了什么东西,使老胡出现幻觉,之后又用解药解除呢?想来也是有这个可能的。

没过多久,就发生了永嘉之乱,此后,晋怀帝和晋愍帝在与前赵的战争中失利被俘,后来被杀。胡孟康的庐江也没有逃过厄运,被敌军攻陷。长时间坐镇南方的丞相,被尊为晋王的司马睿,在大兴元年(318)称帝,即晋元帝,迁都建康(今江苏南京),标志着东晋王朝建立。大量的北方人往南迁徙,史称"衣冠南渡"。

这时,郭璞已经在大量难民到达南方之前,把家安在暨阳附近,也就是现在的江苏江阴一带。江南秀丽的风光让郭璞着迷,于是他就想趁还没有找工作之前,到处游历一下。这才有了此次钱唐之行。

春和景明,郭璞一路上边看边走,心里不知有多惬意。到了钱唐县,他准备先拜祭被称为"潮神"的伍子胥,于是就不住驿站,而是选择在胥山下的一个客舍居住。没想到,婢女突然生病,给他的旅程带来了一丝不爽。好在找来的郎中医术不错,两剂汤药下去,婢女的脸上就恢复了神采，重新白里透红，除了精神还稍差外，基本痊愈，可以下床走动了。

婢女逐渐恢复健康，郭璞又想起了当日胡孟康庭院里的那口井。老胡上了自己的大当，目前也不知生死。他感到有点对不起老胡。突然寻思，钱唐当地井水苦涩，不能用来煎药，连口好点的井都没有，日前又听说钱唐大旱，百姓生活更苦。他暗暗下了个决心，一定要给当地找一口井，也算是积善成德，以抵消骗人之愆。

又休息了两天之后，郭璞就带着仆人和婢女上山到伍子胥祠拜祭。这胥山就是今天的吴山，春秋时期，大夫伍子胥劝谏吴王夫差拒绝越国求和，并且停止攻打齐国，夫差不听，将伍子胥罢职，后赐死，并将其尸体扔到钱唐江。当地的老百姓为了纪念伍子胥，就在钱唐湖边的山上为他建了祠庙，四时祭奠。这座山就被称为胥山，也叫伍公山。郭璞上得山来，见祠庙破旧，青草漫阶，想到当年伍子胥一腔忠愤，却落了个赐死抛尸，好不凄凉，而自己只因门第关系，空有报国之志，却报国无路，不由喟叹不已。

郭璞拿出"地盘"（罗盘的前身），开始校准方位，观察周围山脉的方位、走向。他曾跟随河东的郭公学习过卜筮、堪舆，郭公见他非常好学，还把黄石公传下的地理风水宝典《青囊经》共九卷传授给他。这也成为他撰写《葬经》的理论根据。在《葬经》中，他认为，一个好的墓穴，是来到这个地方应该看到"峰峦矗拥，众水环绕，叠嶂层层，献奇于后，龙脉抱卫，砂水翕聚。形穴既就，则山川之灵秀，造化之精英，凝结融会于其中"。而要选井的位置，也是一样的道理，要观察四面山峦的来龙去脉，土质好坏，林木是否葱郁，能否汇聚水源。这些堪舆学的东西，从现代地质学的角度来看，有一定的合理之处，但往往被神化而成了迷信，这是需要广大读者加以辨别的。

站在山上，郭璞纵目远眺，远处的钱唐湖烟波浩渺，左边有几座山蓊蓊郁郁，右边是平畴人家，碧田炊烟，风景如画。他选择从后山往下走，见临江一带的后山住着不少渔民，山间挂着不少正在晾晒的渔网……

看了胥山的大致情况，郭璞心里有了数，就收拾好东西回客舍。沿途只要有人问起，他就让仆役大张旗鼓地告诉别人：精通堪舆的郭景纯先生（郭璞字景纯）正在为当地人寻觅井址，一定会打出甘洌的井水来。

堪舆大师郭璞先生要为钱唐县打井，这个好消息不胫而走。第二天，天刚亮，郭璞的仆役打开门，外面就来了不少当地的缙绅、文士，都说要拜见郭先生。郭璞暗喜，于是就请这些人进来。坐定后，其中的一位就说："久仰景纯先生大名，这次来钱唐，我等有失迎迓，请恕礼数不周之罪。钱唐连年大旱，加上本地临海，因此井水咸涩，听说您要为我们找寻井址，实在感激万分啊！"

郭璞说："岂敢岂敢，这次主要是来游玩钱唐山水，本不想打扰各位街坊的。谁想此地井水咸涩，实与明山秀水不侔，故想倾吾之所学，为大家另找一口井，为百姓解渴，也算功德一件。"

大家一听，一片赞叹，都表示，要是郭先生找到井址，不用郭先生破费，当地缙绅们都可以捐资打井。郭璞一听，赶紧答谢。晚上，他祷告上苍，算了一卦，得《易经》中的"蒙卦"，上艮下坎，山下出泉之象，虽井址仍蒙昧不明，但只要行动，就会有好的效果。郭璞此举，也是为自己寻找一点心理安慰，激励自己努力找井。

郭婆井

第二章 古井泠然见证衣冠南渡——晋代古井

接下来的几天，郭璞都带着"地盘"等测量工具去寻找井址。他分析发现，钱唐的井水大多咸涩，是和打井的位置有关，由于以前钱唐湖是海湾形成的潟湖，周围的土质浸润了很多盐分，在平地上打井，如果没有找准水脉，出来的水肯定是带着海水般的咸涩味的。要想找到好的井址，就要观察地势有无生气，自己在《葬经》中就写过："夫土者气之体，有土斯有气，气者水之母，有气斯有水。"有丰厚的土壤才会有生气，有生气的地方一定是水汇聚之地。胥山虽然不高，但并非孤山一座，而是南山尾脉，自有数峰相连。面向钱唐湖，令人胸襟开阔，背山蜿蜒高耸，后来被称作夕照山的山峦连绵入湖，昂然有青龙之势，胥山右侧，白虎低护，其环抱之处的山坳，林木葱茏，桃李盛开，充满了生气。这里一定是地下水汇聚之处，在这里打井，会有很充沛的水源。

有了大致的判断，郭璞胸有成竹，从小路下山，来到刚才看到的山坳。仔细观察，发现胥山之下的这个小山坳很是清秀，左右的小岭就像扶手，形成一把"椅子"，正对着湖面，山下居住的人家很多。郭璞拿出"地盘"，校准了方向，大致确定了位置，但这个地方相当宽阔，到底选在哪里呢？正在这时，刚被厚厚的白云遮住的阳光，射下一道光柱，照在"椅子"上，光柱所照之处，是一丛长得十分茂盛的茅草。郭璞大喜，大声喊道："就是这里了！"旁边的人都欢呼起来。

井址选定后，缙绅们捐了不少钱，连钱唐县令也专程从县治赶过来酬谢郭璞。郭璞择了黄道吉日，往下挖了没多久，井里就出水了！泉眼的清水流淌，不仅水量丰沛，而且甘洌可口，这可把四周的百姓乐坏了。大家都争相延请郭璞去家里做客，但郭璞都谢绝了。

一天清晨，郭璞不告而别，带上仆役和婢女，四处游玩去了。有了这次找井的经历，他一发而不可收，又在其他地方"点穴"找井，造福百姓。就像他自己在《井赋》中所写："信润下而德施，壮邑移以不改，独星陈于丘墟兮，越百代而犹在。"

过了些日子，宣城太守殷祐召郭璞当了参军，他便开始了在东晋王朝的仕途。但是，尽管才高八斗，用自己通晓的天文地理知识等作为依据，为朝廷建言献策，还曾和没有即位时的晋元帝有过私交，但他的官职始终没做多大。最后，虽自己早有预见，可惜还是在四十九岁时殒身于王敦叛乱之中，令人叹息。

郭璞勘测的这口井，其汩汩清泉流淌千年，造福这一带的百姓。用这口井的井水酿出的酒非常醇美，用井水煮药，药性增强。因当年这口井的水量大，当地人索性在上面开了十个井口，一方面可以增强安全性，另一方面可供多人同时打水，不会拥挤。这口井因是郭璞勘察的，被称为"郭璞井"，明嘉靖年间（1522—1566），曾任南京刑部主事、礼部主事等职的田汝成所撰《西湖游览志》就有记载，还称当时的"土人讹为郭婆井"。嘉靖年间，杭州半年无雨，这口井却没有受到影响，井水水量不减，就像平日一样。

到了清康熙十六年（1677），郭璞井边又来了一个大才子，这就是号为笠翁的李渔。这是李渔第二次来杭，他这次是为了方便儿子回原籍应试的。他买下了吴山东北麓一个姓张的侍卫的旧宅，改建为层园，一家人就像住在画中。这时的李渔已经六十七岁了，虽老病交加，但依旧文采飞扬。有感于前后十多年两次居杭，都苦于城中用水不便，而且水质不好，这次来到郭璞井附近，他是真心高兴，写下了一篇《郭璞井赋》，在序中称郭璞井"为眼十，水给千余家。淫雨不稍增，旱可经年不涸。其始由郭景纯至此，谓地有美泉，人始穿之，故题其上曰：'郭璞圣井'。予前后居杭十余年，皆苦于水，兹得此为邻，饮水知源，奚可不明所自"。赋中这样写道："赖有异人兮郭公，独开神井兮弗同。耻平穿于地上，喜高浚乎山中。不井则已，井则必求其至大；无水宁竭，水则惟恐其不洪。……百人齐汲而无竞，万家共饮之不穷。……众井皆咸而彼能淡，淡而不厌斯奇；诸水尽浊而彼独清，清而不要乃幸。味不异于甘泉，气亦同乎香井。"赋中还称井里曾淘出过古代的钱币，说明历史非常悠久。这篇优美的赋，极尽赞美之词，将郭璞井的好处都写出来了，读之诵之，嘴里也像刚喝了清甜的井水。这样的文字同郭璞井一起，百世流芳。

当然，也有部分资料对这口井的来历和名称有不同的说法，如清翟灏《湖山便览》中提到："相传郭氏夫妇父子，俱乐施济，故万松岭有郭公井，清平山有郭儿井。

今称此井为郭璞井者，好事者更之也。"但这个说法似乎论据不足，只能姑妄听之吧。真实的情形，或许只有郭璞再世，才能说得清楚了。

郭婆井小档案

郭婆井现位于杭州市上城区吴山山脚清波门社区四宜路14幢旁，是杭州历史最悠久的古井之一，以"一井十眼"著称，现为杭州市文物保护点。

参考文献

〔唐〕房玄龄等：《晋书》，中华书局，2000年。
〔明〕田汝成：《西湖游览志》，上海古籍出版社，2017年。

这口井的井水不犯河水
——塘栖古镇郭璞井

清康熙三十八年（1699）正月，人们还沉浸在过年的气氛中，杭州北面的水乡——塘栖镇的街上，大家脸上满是笑意，不管贫富，都往临河的街上来，看看热闹，尝尝街上的小吃，带着孩子放一串鞭炮，顺便买只塘栖板鸭或者时鲜的蔬菜回家。这天，镇上的人们更多了一层兴奋，因为从仁和县里传来消息，皇帝发布了南巡诏旨：一切供给，由京备办，勿扰民间。这是康熙皇帝的第三次南巡，据说此行将莅临杭州，这样一来，塘栖就是必经之地。前两次的南巡，皇帝没有到杭州来，这次可能有机会看看真龙天子长什么样了。这样的期待让塘栖人激动，大家都盼望着看看皇帝南巡那旌旗蔽天的盛景。

早春二月，江南正是杏花春雨的美好时节，康熙选在这个时候第三次南巡启銮，正是想观赏江南秀丽的风光。一路上少不得凭栏赞叹，经过数十年的治理，曾经在战乱中衰落破败的江南，又呈现出了生机，但是淮扬一带还是灾情严重，于是康熙决定"亟思拯恤，截留漕粮，宽免积欠"。他还想起康熙三十三年（1694），他发布了《康熙三十三年招民填川诏》，就是这一纸诏书，使百万湖广等地的人前往人烟稀少的四川，经过移民们胼手胝足的劳作，天府之国四川也逐渐恢复元气。这些政绩，对这位正值壮年的皇帝来说是莫大的欣慰，在儒家经书中常常读到的"修身齐家治国平天下"，正在自己的治下实现着。这次南巡与之前康熙二十三年（1684）和康熙二十八年（1689）的两次南巡有所不同，前两次主要是为了治理黄河水患，对地方的治水工程给予指导，这次他准备走得更远，到"人间天堂"苏杭走一走。康熙在太湖听说了老百姓的田地被水淹的情况，在两江总督张鹏翮的陪同下，查看了具体的情况，然后龙船一路向南。

塘栖镇的百姓得到县衙门的通知，不搞大规模的迎接，只在河岸之上跪迎就行。这不免让人有些失望，大家瞻仰龙颜的希望眼看就要破灭。一大早，茶客们就在广济桥头的茶馆里喝茶，交换着各种渠道的消息。皇帝南巡过塘栖的事，必然是当天的"热搜"。听到只能跪迎的消息，有人就说，我直接到广济桥上看，还不看得一清二楚？旁边的人马上回他，你做梦吧？皇帝来之前，广济桥肯定是兵勇把守，不许通行，哪能准许你上桥去看呢？大家都一筹莫展，最后有人说，看什么哦，我们又不拦船告御状，还是回家把个人的事情做起，挣饭钱才是呢。于是这个事情就从早上的"热搜"上跌了下来。茶喝到淡而无味之后，大家都散了。

三月，阳光煦暖，塘栖镇周边的农田里菜花黄灿灿的，像撒了一地金子。运河两岸的柳树，已经垂下万条绿丝绦。南巡的船队浩浩荡荡，顺着运河而下，河风吹拂，船上插着的各色旗帜猎猎作响。康熙站在船头远眺，见春色满眼，远远看见一座七孔大桥，长虹一般跨在运河两岸，旁边是一个小镇。岸上有不少百姓跪迎。康熙突然来了兴致，要下来看看这个古镇，了解一下这里的民情。这个临时的决定可把官员们忙坏了。负责的官员赶忙坐小船先靠岸，找到岸上的地方官，协调一切事宜。好在船队对于临时停船已有经验，忙活一阵之后，大队人马缓缓在码头靠岸，迎接康熙下船。百姓们没想到皇帝会在塘栖暂停，都很激动，虽有兵勇把守，离得很远，但远远地能看见皇帝的身影，心里就有了满足感。

康熙在古镇的街头转转，还走上广济桥，看着运河两边的景色，赞叹当年开河的不易。太阳当头，自己又穿着厚重的衣袍，里面早憋出了一身汗来，于是就到桥头休息。太监忙端来椅子，康熙就和随扈的王公、贝勒、大臣们叙话。当地官员安排好了烧水的地方，于是皇宫里负责泡茶的内侍就督促着人从广济桥旁的郭璞井里汲水。一会儿工夫，茶水就端了上来。康熙这时已经很口渴了，接过茶之后，忙不迭就吹开茶叶，轻轻呷了一口，滚烫的茶水在口腔里回旋一下，咽下喉，一股清香从鼻腔里透出来，他舒畅地出了口长气说："真是好茶！"随扈的王公、贝勒、大臣们也纷纷端起茶碗品尝起来。解了渴，康熙在简单问了地方官一些情况之后，却对泡茶的水产生了兴趣，亲自走到郭璞井边，看了这井的深浅，还让地方官找来当地的耆老，请他们讲讲郭璞井的来历。

原来，东晋年间，郭璞南渡之后，把家安在暨阳也就是现在的江阴一带。之后开始了游山玩水，借此机会写自己的著作《葬经》。在钱唐居住的时候，因感念当地风景秀丽，打出的井却多咸涩，难以下咽，于是拿出自己的看家本事，在吴山脚下找到一个泉眼，打出了一口水量丰沛的郭璞井，后世都讹传为郭婆井。郭璞在钱唐待了一阵，越来越多的人知其行踪，每天提着礼物来找他算命、相地的人络绎不绝，郭璞不胜其烦，于是不告而别。这样迤逦行来，转眼就到了夏天，他们把钱唐湖附近的景致都游了个遍。一天，他们来到一个小村子，这个村子里大多是渔民，靠着附近几条河打鱼为生。烈日炎炎，几个人又累又渴，见这渔村风景美丽，就找了户人家歇下来。这户人家算是当地比较殷实的了，把两间空的屋子让给了郭璞主仆三人。房主人给三个人用瓦罐盛来半罐水，说客人将就一下，好久没有下雨，这水还是从塘河里的泥窝子里舀来的。郭璞忙道声谢，问："你们这里的人吃水都是从河里担回来的吗？"房主说："怎么不是呢？我们这个小渔村，平日里都靠着打鱼为生，只是种一点蔬菜自吃，这里几条河交汇，平日并不缺水，但就是这大旱时节，条条河都快断流，连吃水都困难了。"

仆人把瓦罐里的水倒到碗里，郭璞一看，这水浑浊不堪，还有一股淡淡的腥味，哪里能喝啊？但他又不敢把水倒掉，万一连这点水都找不回来，那三个人今天就麻烦了。于是让仆人另外去找罐子，把水沉淀一下，再把上面干净的水拿去烧开。他说，这水不烧开就不能喝。仆人和婢女舔了舔干裂的嘴唇，点点头。

明晃晃的日头照着这个小渔村，旱情严重，村民们都到祠堂、寺庙烧香祈雨，但没什么用。郭璞这时游山玩水的兴致大打折扣，只想等天气转阴就上路离开。缺水给他们造成了很大的困难，而且现在已经到了青黄不接的时候，渔村里的居民平日里就极少种植粮食，这下打不到鱼，粮食也渐渐紧张起来。郭璞给了房主人一些钱，让他去邻村买粮，但大旱之时，粮价猛涨，而且没什么粮食卖。主仆三人每天都是杂粮充饥。但最要命的还是缺水，前些天只是没有了用来梳洗的水，尽量保证吃与喝的用水，现在连喝水都成问题了。郭璞在屋里搓着手，想继续写作，可是口干舌燥，哪里写得出来？婢女说："大人，您在杭州不是帮他们打了口井吗？怎么不在这里也打一口，就算我们马上要离开，也算做了件善事呢。"郭璞猛然醒悟，笑道："正是呢，我怎么没想到？"忙叫仆人去找房主人，就给他亮明身份，请村子主事的人过来。

听说在钱唐打井的郭璞来到村子,而且在大旱之年要帮村子打井,村里的人高兴得奔走相告。房主人听说在自家住了几天的客人竟是大名鼎鼎的郭璞,更是乐得喜笑颜开,逢人就说。等村里主事的几个老者来到,郭璞就让他们赶紧组织一支打井的队伍。

可是找水的工作却推进得很慢。这里不像钱唐胥山,有山脉可寻,找到水脉相对容易些。郭璞慢慢勘测,过了三天,看热闹的人已经不多了,只有几个打井工匠还扛着工具跟在后面,要不是村里家族的长辈们严词申斥,他们也早就撂挑子了。这么热的天儿,跟着个白面书生整天在村子里转来转去,别人只是传言他会找水,可几天过去了还没找到,恐怕是个骗子吧。郭璞这时心里也急,找了几个地方,仔细看看还是否定了。他觉得要找就要找一口水量大,水质好的井。为了找井,郭璞这次可谓动用了全副精神。一天,他们来到村头,那里有一棵大树,还有一个小土神庙,他站在那里细细查看,见这里的草木比其他地方茂盛。郭璞高兴地说,就是这里了!便在地上插了一根枝条,画了个圆圈,让工匠们挖下去。怀着半信半疑的心态,工匠们开始挖。村里的长老们听说已经找到井址,开始动工了,都顶着日头赶来了。郭璞对大家说,这里地势为水脉汇聚之处,会有一股好水。今后这里还将有一条大河流过,人杰地灵,不可限量啊!村里的老人们都谢道,多谢郭大人,为我村百姓打井解渴,此大恩大德我等铭记万世!

这时,打井的人喊了起来,好啊,挖到湿土了!大家都兴奋起来,平原地区的泥土较为松散,打井的速度很快,到下午时分,井里就出水了,而且水量很大,没一会儿就涌上来了。全村百姓拿着大锅小盆,都来打水,喜气洋洋。这口井打出之后,这个村子的人吃水就很少再用河水了。用这口井的水来泡茶,就是比用其他的水香。

郭璞井

后来京杭大运河开挖后,这口井的水就比运河水高六尺,而且绝对的"井水不犯河水"。

听完老人讲的这个故事,康熙皇帝感慨地说,你们看,如今京杭大运河从井旁流过,两边都成了集镇,商贾往来,人口繁衍,可见郭璞所言非虚,真乃神人也。康熙让地方官员和百姓感念前人的恩德,好好保护这口井,于是摆驾起航,直往杭州而去。这口井由于有了皇帝亲临品茶,更是被传为佳话。

乾隆年间,镇上的饱学之士卓晁书"郭璞井"匾额于上。卓晁是镇上卓氏家族的后人。据说卓氏家族在塘栖有六百多年历史。卓氏始祖卓敬,是明建文帝时的户部侍郎,因察觉燕王朱棣有夺位企图,建议建文帝将朱棣调往南昌。后来朱棣获取皇位,就杀了卓家三族三十多口人,只有堂弟卓敦只身一人逃至塘栖,并改姓入赘宋家。一直到第六世宋贤时,因经商致富,其子卓明卿入朝为官,明神宗才颁诏允许他们恢复卓姓。塘栖卓氏在后来先后出了进士一人,举人六人,文人志士众多。然而一场变故却使塘栖卓氏遭遇灭顶之灾——乾隆四十六年（1781）十二月，浙江仁和县监生卓汝谐挟嫌控告族人卓天柱、卓在玑父子等收藏其已故父祖所著《忆鸣诗集》合稿抄本。当地督抚立即派人查抄，结果查出"仁和县监生卓长龄著有《高樟阁诗集》，伊子卓敏、卓慎等人亦著有《学箕集》等项诗稿，伊族人卓轶群写有《西湖杂录》等书均有狂谬悖逆之语"。乾隆皇帝得到奏报之后大怒，骂他们"丧尽天良，灭绝天理，真为覆载所不容"。已经去世的几人被戮尸枭首；"卓天柱系卓长龄之孙，卓天馥系卓慎之子，均依大逆缘坐律，拟斩立决。卓连之收藏逆书不行首缴，依大逆知情隐藏律，拟斩立决。陈氏、高氏、王氏并卓天馥二岁幼子均解部给发功臣之家为奴"。卓氏家族后人散落天涯，各自谋生。一个家族由盛而衰，可见清廷文字狱之残酷。卓氏家族在塘栖古镇留下的太史第巷，成为如今塘栖旅游的著名景点。

因卓氏文字狱牵连的缘故，卓晃所题的"郭璞井"匾额已经不存，道光年间重修，里人徐晟镌刻"汲古"两字在砖壁之上。后来这些砖壁和题字被毁，郭璞井也被掩埋。直到民国18年（1929），里人劳少麟任塘栖市西镇镇长，当时塘栖闹市多在市东，劳少麟发起开辟广济路，动工拆房、开路，兴建了"新马路"。在施工中掘得"晋郭璞井"石碑两块，按碑文中的记载往下挖，终于找到了废井旧址，还挖出了当年的井圈石。然后从井圈石再挖至井底，这口井重新涌水。于是在井旁筑墙保护，并把挖出的旧碑立在壁上，还建了木栅门，供取水的人出入，也有利于对古井的保护。

塘栖古镇郭璞井小档案

塘栖古镇郭璞井位于杭州余杭区塘栖古镇广济桥南岸。井中水位高出塘河水位约六尺,其味甘洌冠于诸井。

参考文献

《余杭文物志》编纂委员会:《余杭文物志》,中华书局,2000年。

孔令升:《清代文字狱解密》,古吴轩出版社,2013年。

高建华:《水北历史 水南未来——千年古镇塘栖迎来世遗时代》,中国档案资讯网2014年7月24日(http://www.zgdazxw.com.cn/culture/2014-07/25/content_59501.htm)。

葛仙翁炼丹用过的井水有益寿之效？
——炼丹古井与还丹古井

明宣德元年（1426），杭州大旱。"赤日炎炎似火烧，野田禾稻半枯焦"——这个江南古城失去了往日那种温润秀美的风致，连西湖也干得见底，湖底的淤泥里，到处可以看见死去的鱼蟹，走过湖边，一股浓浓的腥气让人窒息。除了城里和城外如郭婆井、吴山井等几口大的水井还照常出水外，大部分水井已经涓滴全无，老百姓叫苦连天。住在周边山里的人也没办法，原来的溪水断流，草木枯黄，只有一些山泉还有一点水渗出，可以勉强度日。

位于西湖之北宝石山西面的葛岭，当然也不例外。每天早上，从东面山上升起的朝阳，把光线落在葛岭的山巅，呈现出霞光万道的气象。人们就在这里修建了一座高台，名之曰"初阳台"。元代文人张翥写道，"湖堤遥望葛岭诸山，倒影水中，天然妙画"。相传东晋的道家著名人物葛洪，就曾在这里修炼，并撰写著名的《抱朴子》。后人在葛岭修建了葛仙祠纪念。元代因遭兵火，葛仙祠被毁。明代重建，改称为"玛瑙山居"。清代又重新修葺，以葛洪道号"抱朴子"而改称"抱朴道院"。

然而大旱期间，每天的太阳一升起，从官员到老百姓的脸上都没有了欣喜，多的是忧愁。老百姓担忧着地里的粮食颗粒无收,这往后的日子咋个过下去?官员们则担忧百姓无粮,就有可能发生暴动。在当时,葛岭这一片是马氏家族的园子,里面有一口炼丹井,被称为"葛公丹井",相传是葛洪炼丹取水之井,但多年没有使用,井已经被淤泥堵塞。正值大旱时期,马氏的老人就说:"传说是葛仙翁的炼丹井,肯定有神奇之处,去把这井清淘干净,说不定会有水出来。"家人听了,马上找人清淘炼丹井。几个工匠冒着酷暑,吭哧吭哧地干活,一筐一筐往外清理淤泥,干得正欢。负责井下面清淘的是一位姓施的渔翁,因干旱无鱼可打,又曾经干过淘井的工作,这次就来"兼职"。老施正专心在井下清淘,泥土越来越湿,已经沁出水来,这时他听到铁锹发出一声闷响,他一愣:难道是刨到大石头了?但听声音又不像,于是就小心翼翼地铲去上面的淤泥,慢慢刨下去,淤泥清理干净之后,眼前出现一个石匣子,旁边还有四个古朴的石瓶。老施忙将石匣和石瓶装在筐中,运出井外。

其他人忙去叫主人前来。众人围在一起,左看右看,石匣却没有缝隙,无法开启。施渔翁拿起一个石瓶,使劲一扭,瓶盖就打开了,里面飘出一股闷香。把瓶一倒,里面滚出几粒灰不溜秋、样子像芡实的丹药。另外三个瓶子也是这样。大家都拿了一粒在手里,有点不敢尝,施渔翁说:"我挖出来的,我来尝!死不了!"就丢一粒进嘴里,也没有咀嚼,直接吞进了肚子。旁边人哈哈大笑说:"老施,你今晚回去,怕是要举家成仙哦。"施渔翁笑道:"成不成仙不知道,反正你们看我吃了,没毒吧。"众人面面相觑,有两个就把丹药放进嘴里,略一咀嚼,感觉淡而无味,如嚼泥土,马上呸呸呸吐了出来。其他人一见,忙问为啥?两人说:"老施骗人,这丹药屁味道都没有,就像吃土,还不如城里药铺里的山楂丸。"大家哄笑起来,其余的人就把手里的丹药丢弃了。

炼丹古井

第二章 古井泠然见证衣冠南渡——晋代古井

炼丹古井经过清淘之后，井水汩汩地流出来，在场的工匠与旁观者，还有马氏家族的人，都非常兴奋。在这样的大旱之年，有这样的一股井水，就不用担心渴死了。马家也很慷慨，允许周围的百姓前来打水。但是过了几天，大家就发现，井水变得浑浊，还带着一股臭味，根本不能食用。马家的人也着了急，忙又把施渔翁等几个淘井的人找来，问是怎么回事。施渔翁想了一下，说是不是这口井里的石匣子和石瓶都是葛仙翁专门埋下的，擅自取出来，可能对井水有影响。大家一听，老施说得在理。于是就从马家把石匣子搬出来，重新放到井底。这下好了，井水转眼之间就变得清澈，可以饮用了。大家都赞叹炼丹古井太神奇了。

不过最让人惊叹的是那位咽下了丹药的施渔翁，他一直活到一百零六岁！这让不少当时丢弃了丹药的年轻人都后悔不已。明代著名画家祁豸佳的一首诗中这样写道："若非渔子年登百，几使还丹变井泥。"据《临安志》记载，当地喝这井水的人，极少患眼病。从现代人眼光来看，这位施渔翁一生勤劳，心地善良开朗，本来就是健康长寿的体质；而饮此井水不会患眼病一说，也缺乏实际的统计，牵强附会的因素很重——这些需要读者详加辨别。

炼制这些丹药的葛洪，则更加充满神话色彩，道教干脆将其"位列仙班"。葛洪究竟是个什么样的人物呢？

葛洪出身于江南士族，祖父在三国的吴国历任御史中丞、吏部尚书等要职，封寿县侯。葛洪的父亲葛悌，也在吴国当官。三国归晋之后，还当到了邵陵太守，可惜死在任上。那年葛洪才十三岁，父亲没有留下什么财产，家里逐渐贫困，于是葛洪就担起了养家的重任。他入山砍柴，除了保证一定的生活费用之外，他还将卖柴所得金钱去买回纸笔，四处去有书的人家抄书，然后认真学习。家乡的人觉得他能坚持质朴的品质，就按《道德经》中的"见素抱朴，少私寡欲"的意思，称他为抱朴之士。后来他所著的道教典籍《抱朴子》就是根据这一雅号而来的。《抱朴子》分内、外两篇。内篇二十卷，论述神仙方药、养生延年、禳邪祛祸之事，总结晋代前的神仙方术，为医药学积累了宝贵的资料；外篇五十卷，论述人间得失，世事臧否，阐明其社会政治观点。葛洪还是个中医学家、药物学家，他所著的《金匮药方》一百卷，后节略为三卷，称《肘后备急方》，内容包括各科医学，其中对天花、恙虫病等叙述是世界最早的记载。另有《神仙传》《隐逸传》《良吏传》和《集异传》等各十卷，碑诔诗赋一百卷。

葛洪有个伯祖父名叫葛玄，曾跟着大名鼎鼎的左慈学习道术，后来自己也习练出很精深的道术，如暑热天气，葛玄可以长时间在水下闭气，借以乘凉。还善于变化，后来被尊为道教灵宝派祖师。被尊称为"葛天师"，又称太极仙翁，与张道陵、许逊、萨守坚共为"四大天师"。葛玄将道术传给弟子郑隐。葛洪在十六岁时就拜郑隐为师，潜心学习，并时时心向山林，希望过归隐生活，专心修炼，并著书立说。

西晋永兴元年（304）到光熙元年（306）的三年间，葛洪先是加入吴兴太守顾秘的军队，任将兵都尉，后因作战有功，二十岁就被封为"伏波将军"。接着他就辞官去搜寻炼丹制药之书，准备将炼丹修炼付诸实践，却遇上"八王之乱"。又因大将陈敏叛乱，割据吴越之地，葛洪没法返家，于是就在江北江南的一些州郡云游。光熙元年（306），葛洪的老朋友嵇含任广州刺史，委任他做参军，葛洪欣然前往。嵇含是著名的"竹林七贤"嵇康的侄孙，自号毫丘子，也是个向道之人，曾写下《南方草木状》，是世界上最早的区系植物志。就在葛洪去广州之后，嵇含却又回荆州任职，没想到被荆州司马郭劢杀害，时年四十四岁。

好友遇害后，二十多岁的葛洪只好滞留在广州。他听说南海太守鲍靓是位有道之士，曾得到过仙人阴长生的指点，于是赶赴南海，拜鲍靓为师。鲍靓见到葛洪聪明好学，非常喜欢，不但将自己所学倾囊传授，还把女儿鲍姑许配给葛洪。葛洪在建兴二年（314）返回家乡，隐居深山继续从事《抱朴子》的创作。他应该是在这期间来到湖山秀美的杭州葛岭炼丹。葛洪在《抱朴子》中还记载了不少炼丹的"水法"。优质的水在炼丹中的作用很大，所以必须在炼丹前开掘水井，以解决供水。葛洪在葛岭住下之后，经过详细的勘测，发现一个地方是山岭的水脉所在，而且水质很好，于是找工匠打井，没隔多久就出了清泉。那么炼丹井里为什么会发现装着丹药的石匣和石瓶呢？据《轩辕黄帝水经》记载，道家的神砂石水的其中一个作用是去诸石之毒，"去毒之法，不得矾石水，其毒不尽"。从这里可推测，葛岭的炼丹井里发现的丹药，有可能就是葛洪放置于井里，用井水

还丹古井

的寒冽,以消除丹药里的"火毒"。后来葛洪因为离开了葛岭就再没回来,丹药静静地躺在井底上千年,直到施渔翁将其挖掘出来。

据杭州学者仲向平记载,在炼丹古井正南不远处,还有口还丹古井。还丹古井在一座黄石叠砌的山洞内,呈双井形态,但其上并无井圈,井水清而水源足,似井非井,似池非池,伸手可掬……还丹是道家术语,指丹砂烧成水银之后,放置到一定时间水银又还原成丹砂,叫还丹。由此看来,这口还丹古井是葛洪炼丹的"标配"之一,炼丹古井的"姊妹"井。

葛洪除了《抱朴子》之外,在医药学方面的成就也不小,他写的《肘后备急方》中,有"青蒿一握,以水二升渍,绞取汁,尽服之"这一治疗疟疾的记载。1971年下半年,中国药学研究人员屠呦呦从这里得到启发,开始了青蒿素治疗疟疾的研究,采用乙醚提取法得到青蒿的提取物,对于鼠疟和猴疟的抑制率均达到100%!1972年,该成果得到重视,研究人员从这一提取物中提炼出抗疟有效成分青蒿素。2015年10月5日,屠呦呦与另外两名外国科学家共同获得 2015 年诺贝尔生理学或医学奖，这是中国本土科学家首次获得科学类诺贝尔奖。

书中的一条记载都能启发出诺贝尔奖的成果，在葛岭的炼丹井里，发掘出的葛洪亲自炼制的丹药，让施渔翁活到一百多岁就不足为奇了。

炼丹古井与还丹古井小档案

炼丹古井与还丹古井位于西湖风景区的葛岭抱朴道院旁。炼丹井又称为丹井、葛公丹井、葛公双井，井为双口，上方下圆。还丹井建在附近的一个山洞内，双井形态而无井圈。

参考资料

〔唐〕房玄龄等：《晋书》，中华书局，2000 年。
〔明〕张岱：《西湖梦寻》，中华书局，2007 年。
杭州市人民政府城市管理办公室、政协杭州市上城区委员会编著：《杭州的井》，中国美术学院出版社，2010 年。
蒋文欢主编，杭州市人民政府地方志办公室编：《杭州精览》，浙江人民出版社，2018 年。
韩吉绍：《〈三十六水法〉新证》，《自然科学史研究》2007 年（第 26 卷）第 4 期。

梁山伯和祝英台曾在这里留"合影"?
——梁祝双照井

"英台贤弟,看看,你身后又跟着两只蝴蝶。这真是奇了怪了,你是不施脂粉的男子汉,怎么一出门就有蝴蝶跟着?"一位书生坐在万松书院凉亭里的石凳上,手里拿着书卷,笑着说。暮春的天气暖和,书院里的花开得正好,花香扑鼻。

祝英台抿嘴一笑:"你不好好读书,却学庄生梦蝶,先生考你背书,你有把握背上来吗?"

那书生嬉笑说:"我才不管呢,大不了挨戒尺!嘿嘿,你梁兄来也,我不打扰你们了。"说完,跳下凉亭走了。

梁山伯神态轻松地走过来。

祝英台和梁山伯见礼,在凉亭里坐下,两只蝴蝶又飞进来。梁山伯说:"蝴蝶翩跹,这大好春光,贤弟在读何书啊?"

"也就是'四书',近几日还看了《庄子》。梁兄呢?"祝英台的大眼睛看着梁山伯,想起家里的来信,突然有点淡淡的伤感。原来,上虞的家里要她赶紧回去,说是母亲生病了。开始她也很担心，但自己寻思一下，就猜到可能是家里与太守家约定的婚期快到了，家里催她回去完婚。本想不去，但父母之命难违。想到要和朝暮相处，十分投契的梁山伯分别，祝英台心情十分沉重。

梁山伯说："愚兄也是看'四书'，正看到'唯女子与小人为难养也'。我就不解了，小人确实难养，夫子之母是女子，夫子之妻是女子，如何说是难养？"

祝英台说："这是夫子认为女子多重情之人，易感情用事，不好相处的感慨吧。"

梁山伯笑道："还是贤弟见解不错，就像很懂女子一样。愚兄这几天总是心神不宁，书也看不进去，老是想着和贤弟去附近游玩。这放逸之心，是治学大忌，愚兄明白，就是管不住自己啊！"他大发感慨，却没注意到祝英台的神色。

"梁兄……"祝英台低声喊了一声。

梁山伯却没有听到，还自顾自地发表着长篇大论。等到祝英台再喊一声，他才如梦初醒，问道："贤弟有话请讲。"

"家里来信，说母亲大人病了，我……明天一早……一早……就要返回。"祝英台说着说着，竟有些哽咽。

"啊，病得重吗？既然伯母生病，理当回去探视啊！明天一早，我来送你。"梁山伯有点着急地说。

祝英台扭过头去："梁兄专心读书，不必相送。"她说着，眼圈已经红了。

梁山伯急道:"这三年来,你我二人情如一胞所生的兄弟,你母亲生病,就好比我母亲生病,我虽不能同去你家乡,但送你一程,也可表愚兄一片心意啊!"

"你又怎知道我的一片心呢?"祝英台眼泪盈眶,低下头,匆匆走了。身后一股幽香。

梁山伯看着背影,摇摇头:"祝贤弟担忧母病,着实堪怜。但愿菩萨保佑伯母转危为安。"

第二天一大早,天还没亮,祝英台就起床了,包袱已经收拾好,就背上出门。祝英台到先生那里辞行,先生少不得要她向家里人带好,要她有空闲时候好好读书,博取功名。祝英台躬身受教,含泪拜辞出门。

前一晚,祝英台睡得很不好。她想到自己这一回去,父母肯定逼婚,要她嫁给从未谋面的太守之子马文才,想到从此要离开梁山伯,心里就像刀绞一样痛。自己与梁兄同窗共读,朝夕相处,虽然他还不知道自己是女子,但两颗心贴得那么近,哪里能够分开。"要是梁兄明白自己的一颗心就好了。"祝英台最后决定要是梁山伯来送她,就暗示于他,要梁山伯到祝家提亲,自己再加以抗争,一定能使父母退掉马家的婚事,与梁兄相伴白头。

晨曦中,一个长身玉立的青年站在书院大门口,他正是梁山伯。祝英台心里一热,叫声梁兄。梁山伯凄然相向,默默把祝英台的包袱接过来,两个人就往外走去。

沿着大路往钱唐江方向走去,路两旁的松树掩映,清晨的春风很是温柔,不知怎么回事,祝英台的身边又飞来几只漂亮蝴蝶,绕着两人上下飞舞。梁山伯手里拿着折扇,边走边把蝴蝶扇开。"这么多蝴蝶跟来了,贤弟前世定是蝶中王者，今世你走哪里，它们就跟到哪里。"梁山伯笑道。

"梁兄，它们都是一对对的夫妻，打不断拆不散，我小时候曾见两只很大的蝴蝶受伤，将其医治好，后来就经常有蝴蝶随身。想来它们也恋着旧情呢。"祝英台想点醒梁山伯。

"还有这种奇事，看来贤弟是多行阴骘，必有后福啊！"

"离开梁兄，哪有后福可言？"祝英台见旁边树上有两只鸟，就说，"这两只鸟就像你我，一只离开，另一只也不好受。"

"夫妻本是同林鸟，大难来时各自飞。贤弟将我兄弟两个比作此鸟，不妥不妥。"

这时，他们路过一个农家的池塘，里面有两只鹅，正在欢快觅食。梁山伯念道："鹅鹅鹅，曲项向天歌，白毛浮绿水，红掌拨清波。"祝英台笑道："这两只鹅也是夫妻，同栖同宿，好不快乐。我和梁兄要能这样就太好了。"梁山伯说："你我是兄弟，如切如磋，如琢如磨嘛。"祝英台见他这么呆头呆脑，暗地里跺了几下脚。

远远望见一座亭子，这就是草桥亭，三年前，梁山伯和祝英台到万松书院求学，就是在这里相会，并且结拜为异性兄弟的。亭子周围鲜花盛开，蝴蝶翩舞。

梁山伯说："贤弟，你看草桥亭已经到了，三年前我们结拜，好像是去年的事一样呢。"

祝英台有点羞涩地说："三年同窗，待梁兄金榜题名之时，我们再洞房花烛，再拜一次。"

梁山伯心里正感到奇怪，贤弟怎么说洞房花烛这个话？这一路说的话也是让人不解，到底怎么了？

这时，旁边一个老者挑着空桶从亭子旁经过，没想到绊着一块石头摔了一跤。梁祝二人忙跑过去搀扶。祝英台问，老伯这么早这是去哪里挑水啊？老者说，二位相公不知，我们这望江门原来有口古井，就在这草桥亭旁，百姓多仰其利，但多年未经疏淘，已经干涸了。现在我们要去数里远的井里挑水。年轻人倒不觉得苦，像我们上了年纪的，就很受罪了。二人让老者在亭里坐着休息。

梁山伯就说去看看古井在哪？刚动身，一群蝴蝶就往前飞去，好像是在为他们带路，五彩斑斓的蝴蝶组成了一道蝶虹，漂亮极了，把个老者看呆了，连声称："今天遇见神仙了！"

随着蝴蝶往前走，在一片草地上，果然看见一口井，虽然井台已经破旧，上面的青苔却郁郁葱葱。蝴蝶们把井台围住，就像一个美丽的花坛。原来的井口果然没有水了。梁祝二人向空祈祷。忽然蝴蝶都飞了起来，漫空飞舞。两人一看，井口咕噜咕噜直冒着泡，下面的水开始漫上来。不多一会，井口的水就满了，清清的一泓井水就像一面明亮的铜镜，倒映着蓝天白云。

梁山伯大喜，用手掬起清水，喝了两口，站在井台上高声喊："贤弟快来尝一尝，多甜的水啊！"却见祝英台取下儒巾，拔去玉簪，一头乌黑如云似瀑的头发垂下，衬托着粉妆玉琢的一张俏脸，虽仍着男装，但就像仙女下凡。祝英台走上井台和梁山伯站在一起，梁山伯还有

海潮寺双照井

点憷,两个人的身影映在井口,两张脸在水面上,一个俊朗,一个柔美,梁山伯看得呆住了。旁边的蝴蝶绕着他们飞舞,有的就停驻在他们身上,像点缀了奇异的装饰。

祝英台柔声说:"梁兄,你看我们这样像不像夫妻?"

梁山伯回道:"可惜贤弟是个男子。"

祝英台简直拿这个"钢铁直男"没办法,一路上怎么点,他都不明白。这下有点埋怨又有点羞涩地说:"梁兄,如有像我这样品貌的女子你会不会娶?"

"贤弟说笑了,哪有这样的女子?如有,那愚兄当然愿意啊!"

"我有个九妹,相貌和我一样,你三个月后来祝家村我家提亲,行过六礼,就把九妹嫁与梁兄。你就是我妹夫,你我兄弟二人就能亲上加亲了。"祝英台这时绾上头发,带上儒巾，又是一个俏书生。实际上祝英台哪有九妹，九妹就是她的乳名。

梁山伯高兴地说："愚兄愿往！"

那个老者在亭子里听到喊声，也来到附近，看到两个人在蝴蝶的围绕之下，站在井口，井里分明已经有了水，忙跪倒在地，喃喃说："神仙赐福，神仙赐福。"

二人这才转身，扶起老者，说自己就是万松书院的书生梁山伯和祝英台，这天是机缘巧合，正好逢到井口出水而已，现在周围村民就可以用上古井的水了。老者脚受了伤，就把水桶挑在肩上，但还是怀疑他们是神仙，边走边不住回头望。老者走后，梁山伯与祝英台也往前赶路。

回村之后，老者就把古井出水的奇事告知了众乡亲，众乡亲都到井边来，看到了清清的井水就在面前，欢呼雀跃。有的人赶紧拿来水桶，打水来尝，一瓢一瓢的水在村民手中传递，大家兴奋得流泪。为了给井起个名字，就让老者重新回忆一下当时的情形，最后村里的学究说："这是两个恩人给我们带来的恩泽，他们两人曾经在此照影，我们就叫这井为'双照井'吧。"于是这个名字就传了下来。

再说梁山伯一直把祝英台送到十八里之外，前来迎接祝英台的家人也赶到了，梁山伯就返回了万松书院。等到三个月，梁山伯却没有去祝家村，原因是梁山伯家中贫困，听说要去祝家村提亲，却连像样的聘礼都拿不出来，就耽搁下来。过了一些日子，梁山伯突然收到祝英台的一封书信，要他赶紧往祝家村去，她有话要当面谈，并有玉扇坠为凭。梁山伯连夜兼程赶去祝家村，两人在楼台相会，这才明白自己三年同窗共读的好兄弟，原来是位女子，九妹就是祝英台。梁山伯一下就明白了十八相送时祝英台的种种奇怪言行。两人相见，泪满青衫，约定今生今世永不分离。但是英台说父母早已将自己许配太守之子马文才，近期就要出嫁，要山伯赶紧想办法。山伯一个穷书生哪有什么办法，于是积郁成疾，竟撒手人寰。祝英台闻讯之后，痛不欲生。她在家里的威逼下坐上了马家的花轿，她提出要求最后去梁山伯坟上拜祭。花轿抬到梁山伯坟前时，天色突然变暗，电闪雷鸣，祝英台焚香烧纸之后，哀哀哭诉，突然狂风大作，抬花轿的人赶紧躲到一边。这时，一个明亮的闪电劈在梁山伯的坟上，雷声震耳欲聋，只见山伯之坟猛然分开成两爿，坟里发出万道金光，祝英台一见奋不顾身就往坟内跳下！坟墓一下子合拢了，这时天上的乌云散开，阳光普照大地。大家看到，这座梁祝的坟墓中，飞出两只非常美丽的巨大的蝴蝶，后边还跟着无数的小蝶。两只大蝴蝶绕着坟墓飞了两圈，然后一飞冲天，带着的小蝴蝶们成为一道绚丽的蝴蝶彩虹，横跨在天上。众人看呆了。有人说："看啊，这两人都成仙而去了。"于是，送亲的人也忙跪下磕头。

因为有了梁祝照影的双照井，草桥亭附近的村民吃水方便，而且这里的孩子都很聪明，很会读书。后来，这里修起了一座海潮寺，双照井就成为"海潮八景"之一。这里的人都说，老年夫妻到双照井照一照，会越活越年轻；年轻夫妻来照一照，家庭会更加和睦。还有一句谚语是这样说的："若要夫妻同到老，双照井里照一照。"也许，是梁祝二人凄婉的爱情，使得他们的在天之灵时时祝福着人间的有情人，让有情的人都能成眷属、长相伴吧。

梁祝双照井小档案

梁祝双照井原在望江门（又名草桥门）外的海潮寺原址内。

参考文献

杭州市人民政府城市管理办公室、政协杭州市上城区委员会编著：《杭州的井》，中国美术学院出版社，2010年。

《古籍中提及的上虞祝英台》，上虞新闻网2012年7月17日(http://synews.zjol.com.cn/synews/system/2012/07/17/015221631.shtml)。

第三章 王者宰相为杭州留下的大功德——唐代古井

古井庇幽亭，涓涓一窦明。仙源通海水，灵液孕山精。
久旱宁同涸，长年只自清。欲彰贞白操，酌献使君行。

——〔唐〕戴叔伦《赋得古井送王明府》

李相国"下穿水道"引来西湖水解杭州渴

——相国井

九月的钱塘湖,虽还有些暑气,但碧霄高远,湖水清澈,秋风乍起,湖面的縠纹轻皱,空气中沁着一丝清凉。"青青东门柳,岁晏复憔悴"——湖边的柳树开始落叶,丛生的芦苇渐渐由绿转黄,秋蝉声中,湖里往来穿梭的大小船只,也显得闲散,只有偶尔从画舫里传出一阵高亢的歌声,在湖面回荡。钱塘湖的春秋代序,一如往常,但这一年似乎和往年有点不一样。

这年是唐建中二年(781)。这两天,钱塘湖边出现一个怪人。他面容清癯,目光炯炯,微风吹过,唇上、腮边的几缕长髯飘拂,显得气度不凡。怪在哪里呢?说他像士大夫吧,他却穿着道士的装束,白衣如雪,头上戴着碧玉冠;说他是道士吧,却手拿书卷,旁边跟着的是化装了的州府吏员。

六十多岁,在钱塘湖边生活了几十年的刘老丈,什么人没见过?那几个州府的吏员,去年朝廷颁布两税法的时候,就曾在城门那里给百姓做过讲解,现在穿着普通老百姓的衣服,刘老丈还是一眼就认出来了。他心里想,这穿道服的是什么人呢?为什么平时凶神恶煞的州吏,也在他面前点头哈腰?刘老丈满腹狐疑。这时,"道士"和一群人向他走来。刘老丈紧张起来：莫不是税法又要变？老百姓本来就很苦了，要是税法这样变来变去，可怎么活啊！

刘老丈害怕两税法变化，是有来由的。唐朝建国之初，规定了均田制实行办法，丁男二十岁以上，授田百亩，其中二十亩为永业田，八十亩为口分田。死后还田。政府依据授田记录而向百姓征收租庸调。不论贫富，一律缴纳定额的租庸调：每丁每年要向国家缴纳粟二石，称作租；缴纳绢二丈、绵三两或布二丈五尺、麻三斤，称作调；服徭役二十天，闰年加二日，是为正役，国家若不需要其服役，则每丁可按每天缴纳绢三尺或布三尺七寸五分的标准，交足二十天的数额以代役，这称作庸。租庸调制在唐初实行之后，出现了国家收入增长，社会安定的局面，后来由于"安史之乱"等原因，土地兼并严重，均田制名存实亡，租庸调制已经不能实行下去了。唐德宗建中元年（780），宰相杨炎推动两税法的实施。废除了已经难以维持的租庸调制，统一按每户的实有田亩和资产征税，每年分为夏秋两次缴纳。两税法对富有土地的地主贵族增加了税收，受到地主贵族的激烈反对，但唐德宗还是坚持乾纲独断，在年初颁布了两税法。像刘老丈一家，原来每丁的土地已不足百亩，但还得按百亩交租，苦不堪言。实行两税法之后，交租的数额降低了，刘老丈心里是欢喜的。

"老丈，请过来叙话。"那州吏向刘老丈打招呼。刘老丈赶紧过去，向这州吏行礼。州吏忙避开道："你这老丈，好不晓事。这是新上任的杭州刺史李大人。"刘老丈听说眼前这位仙风道骨的"道长"居然是杭州的父母官，诧异之下，忙跪下行礼，口称"有僭"。心下明白了，原来，这位就是新任杭州刺史李泌，前些天街头巷尾到处都在说这位刺史的事迹，那可是鼎鼎大名哦。

相国井

李刺史从小就身负神童美誉。七岁的时候,一次唐玄宗和宰相张说正在下棋,张说想试试李泌的才智,就指着棋盘,让李泌以"方圆动静"为题作赋。小李泌思考片刻,还是有点不解,就大胆地问:"希望知道您说这四个字的大略意思。"张说就念了四句:"方若棋局,圆若棋子,动若棋生,静若棋死。"小李泌恍然大悟,马上对道:"方若行义,圆若用智,动若骋材,静若得意。"意思是,方就像施行仁义,圆就像运用才智,动就像施展才能,静就像获得其中之意。这从下棋的意思引申到治国之理,让皇帝和宰相都刮目相看,张说祝贺玄宗得到了一位神童。玄宗也非常高兴,赐李泌束帛,命李家对他善加抚养。但是李泌长大之后却十分推崇黄老之道,平时求仙好道,不慕名利,对老百姓来说,就像神仙般的人物。

李泌上前一步,扶起刘老丈,温和地笑道:"老丈莫怕。我等都身着微服,不必拘礼,请起来边走边说。"于是,一行人沿着湖边往城门方向走来,路上,李泌果然问起了两税法实施两年多来,杭州百姓的反应。刘老丈说,这两税法是根据现有的资产来纳税，土地财产多的就多交税，少的就少交，老百姓还是很欢迎的。李泌听后，手抚长髯，不住点头。

快到城门的时候，就看到城门通往钱塘湖边的路上，熙熙攘攘，这本不是什么节日，为什么这么热闹？仔细一看，很多人都挑着水桶，有的还用马车、牛车拉着大木桶，到湖边取水，然后再挑运到城里。挑水的担夫们身体壮硕，挑着大桶健步如飞，遇到有人走得慢，后边的人就赶紧超越，来来往往中，担子交错，杂而不乱。李泌突然想到本朝的"草圣"张旭看到公主和担夫争道，悟出书法结构布白应进退参差有致，张弛迎让有情的道理，不禁莞尔。猛然间，李泌心里一凛，偌大一个杭州城，难道城里竟没有水井，大家都到湖边来取水吗？

李泌就问刘老丈，刘老丈见其态度和蔼，早把原来的畏官心理放下了。他说："刺史体恤百姓，是我等之福。只是您有所不知，杭州城自隋代开皇年间建城以来，这城里打过多口水井，但每口井出来的水，都咸涩不堪，平时洗洗涮涮还能将就，但要用来泡茶、做饭，却是难以下咽。"

"为什么会这样？"李泌由于是被当时的宰相常衮所忌，被贬谪到杭州来的，来时匆匆忙忙，也没好好探究杭州的历史典籍。这次微服出游，就是想从当地人口中了解一些情况。

"刺史，这个情况下官来说。"随员中的一位录事参军向前一步，"杭州自古近海，土地盐卤含量过重，除了凤凰山一带地下乃山泉汇流，井水清甜外，但凡城中之井，无一不是咸涩难咽。百姓苦此久矣。故城中百姓或自家挑运，或出钱买水，挑水夫也成一兴旺之业，如身强力壮，每天靠挑水入城售卖，即可养家。"

李泌点点头，又问道："前任州县，竟无一人查知此事，为百姓设法打井吗？"

录事参军说："前任官长个个心知肚明，但并无解决之法。在城里打过几次井，皆咸涩不堪，就放弃了。而且挑水夫借此养家，百姓也习惯如此，索性就不管了。"

刘老丈说："其实住在城中，哪个人不愿守着香甜的水井呢？市井市井，有井才有市，城中井水咸涩，不少百姓搬走了，市哪里能够兴旺啊？"

手捻长髯，李泌陷入沉思。刘老丈的一番话让他很有感触。在返回凤凰山麓的州治衙门的路上，他见沿路风景秀丽但很是冷清，人气反而不如衙门所在的柳浦那么旺盛，不由得暗暗嗟叹。

这次来杭州，是李泌第三次远离朝廷，离开权力中心。第一次是在"安史之乱"的时候，唐玄宗仓皇逃蜀，李泌由于写诗讥刺杨国忠，受到杨国忠的诬陷，结果被送往蕲春郡（今湖北蕲春）安置。此事之后，李泌"乃潜遁名山，以习隐自适"。后唐肃宗李亨在灵武（今宁夏灵武）即位。李泌由于曾以待诏翰林，供奉东宫，跟唐肃宗关系十分密切。肃宗即位后，派人四处寻找昔日好友李泌，没想到李泌见国家纷乱，想帮助肃宗平乱，也到了灵武。全力帮助肃宗平定了安史之乱，但李泌的命运却老是和权相的排挤分不开。他和肃宗之间的交情，招来了权臣崔圆、李辅国的猜忌，深谙道家"功成身退"哲学的李泌申请隐居衡山。这是他第二次离开朝廷去"隐居"。肃宗驾崩之后，代宗即位，代宗在当太子的时候，也受过李泌的扶持，因此也是心急火燎马上从衡山招来李泌,任命他为翰林学士。为了防止李泌再次提出"归隐",代宗想了一个狠招:赐给李泌光福里的一所宅院,又逼着他吃肉。素食者李泌不敢抗旨,只好破戒吃荤。但这还没完,代宗心想,吃荤是吃了,但要变回吃素也很容易,只有用更狠的一招,给他找个老婆,把色戒也破了,才能稳住他在朝廷做官。皇帝要做事当然容易,让李泌娶已故朔方留后李暐的外甥女为妻,皇命当头,大美当前,李泌也只好"善利万物而不争"了。不过,这样还是没能让李泌长期留在代宗的身边。原因是当时的宰相元载,觉得李泌不依附自己,和代宗关系还这么好,会影响自己,就向代宗说刚好江西观察使魏少游请朝廷为他派去一些僚佐,元载就盛称李泌有才,可担此任。李泌就以检校秘书少监、江南西道判官之职第三次离开朝廷。后来又改为检校郎中,仍任判官。大历十二年(777),元载犯罪伏诛,代宗立即召李泌还京,准备重用。但当时的宰相常衮又害怕李泌对自己的相位有威胁,就想方设法要把李泌排挤出朝堂。常衮先是外放李泌出任楚州刺史,但李泌推辞不去,唐代宗也不同意。适逢澧州有职务空缺,

相国井

常衮就极力在代宗面前说澧州一带如何贫困,需要有大才的大臣前去治理才行,请代宗以江山社稷为重,让李泌前往治理。代宗没办法,又不好当面驳回宰相的请求,只得授李泌为澧(今湖南澧县)、朗(今湖南常德)、峡(今湖北宜昌)三州团练使,在这个武职任上干了一阵后,调任杭州刺史。这时,唐代宗已经驾崩两年了。

新即位的唐德宗与李泌的关系也很好,但没有立即调回李泌。李泌就想在杭州任上为老百姓做点实事。这天出城了解到杭州城里没有合适的水井的问题,让他暗暗下了决心,一定要想办法让杭州百姓吃上清甜可口的水。他命人搬来州里的档案,发现就在凤凰山旁,东晋名士郭璞曾相过一口井,该井水量丰沛,水质良好,能否将这口井的水,通过开挖渠道,引往城里各处呢?第二天,他找来州里的录事参军——头天一起微服巡查的州吏,还有几名属员,说起引郭璞井水入城的想法。几名州吏都摇头:"刺史此法万万不可,郭璞井水量虽然丰沛,然而路程遥远,好比远水难解近渴,不但井水流到城中即干涸,而且会使原井无法取水。"李泌沉思一下,也颔首同意,于是又问:"尔等有无良方?"录事参军道:"要是能将钱塘湖水引入城中,岂非万全之计?"大家听后,都说此法甚妙。只是钱塘湖每年还要灌溉农田,水面常低于城中地面,很难引水。大家一时都一筹莫展。

门外一阵狂风吹过,不少梧桐叶子飘下,落在天井里。接着,雨点打在瓦上,发出沙沙的声响,李泌就站起身来,几位下属知趣地告退。看着几位州吏出门的身影,李泌在屋里陷入沉思。他觉得录事参军所提引钱塘湖水的方法不错,但湖面低于城区地面,要引水进城,确实很难。他在公廨里慢慢踱着,夫人亲自给他端来一碗热茶,放在桌上,过了一阵茶凉了,李泌还是没有想出好的法子来。于是从书架上拿出一本书,慢慢翻看。雨点敲打屋外的梧桐，发出沙沙的声响，李泌放下书，用衡山隐居时的调息功夫，身心放松，竟自睡着了。

雨越来越大，李泌一觉醒来，头昏脑涨，就打开门，站在屋檐下，听着雨声哗哗，一丝凉意透上来，十分舒爽。天井四周的屋檐就像瀑布一样，水流到天井，再流到天井四角外圆内方的钱币形状的排水孔里，顺着下面的暗道（阴窦）排出去。原来被风吹落的梧桐叶，这时都被水冲到排水孔，却被挡在那里，不能冲下去。李泌猛然一喜：有了！天井的水可以通过地下暗道排出去，钱塘湖水也可以用暗道引进城里，再从地面打井汲水啊！

他一阵狂喜，不顾穿着官服，就跳进天井里，仰头向天，尽情地接受大雨的洗礼，嘴里还念念有词："上善若水，水善利万物而不争，处众人之所恶，故几于道啊！"夫人和丫鬟忙跑出来，把他扶进屋去，夫人轻轻责备道："你这是怎么了？这秋天的雨，淋了会着凉呢。"

"夫人，今天我高兴啊！杭州百姓可以喝上不咸涩的水了！"李泌边脱着衣服，边高兴地说。夫人不明就里，但见夫君这么高兴，也不好再责备他，忙让丫鬟熬碗姜汤过来给李泌喝下。

李泌通知本州官吏们都到大堂，钱塘县令、主簿也赶来了。大堂上，州别驾、长史、司马、六曹及其他官吏济济一堂，好不热闹。李泌讲了杭州城内水井咸涩的问题和引水进城的想法，堂下官吏们纷纷叫好！那位录事参军说，李刺史真有和诸葛孔明一样的智慧啊！枉我们在杭州多年，怎么就想不到呢？负责工程的司士参军就说，如此大好事，应该立即上报工部，请求朝廷支持。李泌就让他牵头，先拿出方案，因为按照《水部式》的要求，在何处开掘暗渠，何处安装斗门，都应呈报；还有如何调配工匠和劳役,也应按工部的要求制订计划报批。李泌说,目前正是九月,到明年正月,白昼较短,正好是"短功"时段(《新唐书·百官志一》),又正值农闲,百姓乐于服役。钱塘县要把城中人户居住情况清理一遍,看看需要引多少水入城,才能解决大家饮水难的问题。司士参军领命,便马上带着属员下堂办理去了。钱塘县令却上前说道:"刺史,下官有一事不明。"李泌说:"但讲无妨。"钱塘县令说:"历年钱塘湖放水灌溉农田,渠道多有阻塞,现用暗渠引水,焉得不堵?堵塞之后,要想疏通恐怕很难啊!"李泌思考了一下,说:"此事倒要提醒一下司士参军,想想办法,你快回去把城内的住户需水情况做一下统计吧。"钱塘县令领命,和主簿一起去了。

事情进行得很顺利。经过几天努力,钱塘县报来城中户数,司士参军带领属员团队多次在湖边踏勘,初步选定了几处地方作为引水的水口,画好了大致的草图,预算了所需的费用。李泌与别驾、长史、司马以及司士参军等多次研究,觉得可行,就打算先上报朝廷。这时,城里却出了一件怪事。

这天早上,一个挑水夫出城门挑水时,猛然看见湖边的柳树下躺着一条长长的东西,走近一看,原来是一条大蛇,已经死了。他吓了一跳,这都深秋了,哪里还有蛇呢?很多挑水夫都看见了。刘老丈等几个老人,胆子大些,就将蛇埋在柳树下,还在旁边烧了炷香。但是,城中开始风传,说刺史要挖开钱塘湖引水进城,惹恼了湖底龙王,这才以死蛇来做警醒。如果随便动土,明年会有大灾的。传闻越传越离奇,也传到了李泌的耳朵里。他想,这引湖水进城,本是件好事,怎么会出现这样的情况。引水的方案马上就要上报朝廷,不能因为这个事情而耽搁了。于是,他就叫上录事参军,两人又微服出州衙,来到钱塘县。

说来也巧,刚出城门,就看到刘老丈和几个老人站在那里交谈,一下就瞥见李泌过来,忙上前来行礼,被录事参军拉住,并小声给他说,到一边说话。刘老丈就给几个老人说有事情,便和李泌他们走到旁边。录事参军就向刘老丈问起死蛇传闻的事。刘老丈愤愤地说:"刺史引水进城,对百姓是天大的福分啊,这积阴骘的事情,怎么会惹龙王不高兴呢?"李泌说:"老丈是否知道有何隐情?"刘老丈看看旁边,小心翼翼地说:"小老儿刚与老几位聊了一下,但也是道听途说,怕惹祸上身,不敢回您。"李泌说:"此处并无外人,你但说无妨,有本刺史在,绝不会牵连上你。"刘老丈就说:"引水这个事情,全城百姓都额手相庆,唯有一个人不太高兴。"李泌忙问是谁。刘老丈又四下看看,小声说:"钱塘县令啊。"

李泌满腹狐疑,引水进城,百姓欢欣,作为父母官的钱塘县令应该也高兴才是啊,怎么倒不高兴起来了?他说:"老丈,钱塘令乃是你们的父母官,引水入城,造福井邑,他怎么会不高兴呢?"刘老丈说:"刺史请恕小老儿不敬之罪。"李泌说:"本官了解民情,你据实告之,何罪之有?"

刘老丈这才说,前些年有一位风水师,到了钱塘,被钱塘县令待为上宾,那时正值农忙,钱塘湖好几处都在放水灌溉农田,这风水师却对钱塘县令说,钱塘湖关乎钱塘风水,如果放水枯竭,将会对县官的前程和身体不利。因而,每年湖水灌溉,也要上官多次催促才行。这次刺史要引湖水进城并凿井,还会有谁会反对呢?刺史仔细查查就清楚了。

李泌暗暗点头,对录事参军说,你负责考核治下官吏,

相国井

这个事情你去查一查。录事参军一声答应,就带着两个人去调查去了。李泌叫刘老丈不要声张,然后自己就赶回州里。

经过两天走访,终于在一个挑水夫那里找到了真相,原来果然是县衙的一个小吏,受县令夫人的指派,在天刚亮城门打开时,悄悄溜出城来,把事先准备好的死蛇,放在柳树下。没想到被那个起早挑水的挑水夫悄悄看见了。李泌叫录事参军记录在案,然后把钱塘县令叫到州衙公廨。

县令本来就做贼心虚,低着头不敢看李泌。李泌一言不发,把县吏的供词丢在他面前,县令看了一眼,一下瘫软在地。李泌沉着脸,厉声说道:"杭州乃本朝上州,本是江南富庶之乡,奈何井水咸涩,城邑人口不聚,百姓苦此久矣!你身为钱塘父母官,却听信方士胡言,让家人行此不堪之事，该当何罪？"县令磕头如捣蒜："刺史，下官内人听人胡言，做出此荒唐之事，还望刺史看我往年功绩，宽恕罪过。"李泌又教训他一阵，县令连大气都不敢喘。李泌这才说："你且回去思过，管教家人，不许再有违法之事，待引水工程开工，你须要将功折罪，或可保你官职，否则我奏明圣上，交刑部议处！"县令战战兢兢，告辞出门。

引水的方案加急报上去之后，很快就批准了。榜文贴到城门口的时候，老百姓奔走相告。一个长得有点憨厚的挑水夫悻悻地说，这个是好事，但我们靠挑水挣钱的饭碗也没有了。另一个挑水夫唾他一口："你就是个穷命，脑壳一根筋。湖水进城，我每天推豆腐卖，难道不比这挑水清闲还来钱快？"旁边的人都哈哈大笑。憨厚的那个说："对啊，我怎么没想到？我家娘子的豆腐推得好，我也做豆腐！"旁边的人又笑了："都知道你娘子漂亮，你每天吃得好豆腐。家家都做豆腐营生，谁来买呢？"城门口一片欢乐的气氛。

这次钱塘县令是戴罪立功，哪里敢再怠慢，他知道，李泌是从三品官员，又深得皇帝信任，而且刺史本来就有监察的职责，要是这次再犯在他手里，轻则丢官，重则会脑袋搬家呢。一大早，他就带着主簿和几个衙役，到工匠居住的地方去征集人手，把需要服役的人工安排下去。阴历十月到来之时，工程就正式开工了。

制定这次引水的方案，颇费了李泌和下属的一番心思。他选择钱塘县所在的人口稠密地带，来确定水口和井口，司士参军和属员一起，踏勘了多次，觉得要减少工程的难度，就要尽量避开民房，而且引水距离不宜过长，又要方便百姓们取水。经过几番权衡，最后方案终于制定出来了。李泌拿到方案一看，从南到北设计的是六口井。

因为考虑到平时大家都是从钱塘门出城挑水,这边的居民也很多,李泌决定先从钱塘门附近开始,先开出一口井出来。有了经验,就能搞好其他五口井。这第一口井址就选在钱塘县衙的附近,因是引水进城,故井址实际上是一口蓄水池,周边多是民房,不能挖得过宽,害怕挖到深层的咸涩水层,也不能挖太深。这口井就命名为"小方井"。然后顺着小方井画出一条直线,直通湖边。良辰吉日选定之后,司士参军就指挥工匠和服役的百姓,开始施工。

工程进行得很顺利,几天之内,城里的小方井就挖好了,周边砌上砖石,再用糯米浆调石灰、河砂、黄土再加杨桃藤汁和匀(据明宋应星《天工开物》),用来勾缝,使池壁不会渗水。地沟的工程也开始进行,虽然不用多么宽,但要深挖十数尺下去,工程量还是比较大的,而且要穿过厚厚的城墙,城墙下面只能打洞,施工一下就遇到了难题。而且司士参军在监督工匠砌石槽的时候发现,石槽长期在地底,受压严重,如果加上水的长期浸泡,会很快垮塌,造成堙塞。李泌接到报告,心里也沉重起来。

这天,李泌来到小方井施工的工地上,见方井挖好,地沟已经通到城墙之下,小方井下的石槽砌了一部分,两边确实显得单薄。看了一阵,就来到钱塘湖边,深秋的寒风,吹得人身上一阵凉意。李泌检查引水口的斗门(闸门)修建。工地上修了围堰,阻隔湖水,光滑的条石砌成的斗门即将完工。李泌沿着湖边走,把六个引水口的斗门修建工地都看了一遍,想到连接小方井的斗门修建好之后,就该放水进城了,司士参军的那份报告,提出引水的石槽容易发生垮塌堙塞,怎么处理呢?他在随员的陪同下,回到城里。这边的下穿城墙的工程也将进行了,司士参军也在现场指导。看见李泌来了,司士参军忙跑过来行礼。李泌问下穿城墙如何施工？司士参军说，顺石槽在城墙下开洞，修建引水石槽，因城墙下面的洞不可能开很大，下面的石槽修建更不好办，只好用中间打通了竹节的竹管放置于石槽处，再接到城外引水。李泌听了，略一思忖，高兴地一拍掌说："你何不全程都用竹管呢？"司士参军恍然大悟：对啊，全程都用竹管，就不怕有些路段的石槽塌陷了。竹管之间对接处，修建多个节点，便于更换竹管！问题一下就解决了，两个人哈哈大笑起来。旁边的工匠和百姓，都不明白他们在笑啥，但看他们高兴的样子，也笑起来。

小方井很快就修好了。其他五口井的施工也在紧锣密鼓地进行着。这时已经到了初冬，钱塘湖边一片萧瑟，少了浓密的树丛，蓝天白云下的湖面更显开阔，南来的雁阵声声，让人心情振奋和舒朗。今天是个黄道吉日，小方井的放水取水仪式将要举行。

小方井下面实际就是蓄水池，用大石板盖住，留出六个井口，后来又被人们称作"六眼井"。井口多，可以方便更多的人同时取水。井口已被大红绸装饰起来。不远处已经搭好了高台，高台周围插满了各色旌旗。杭州城里的百姓个个兴奋，扶老携幼，都要来看这旷世的典礼。那个憨厚的挑水夫扶着八十多岁的奶奶也颤颤巍巍地赶来了。老奶奶说，活了这么大年纪，钱塘湖水总算进城了，杭州人每天都能喝甜水了。旁边的刘老丈说，您老有福哦，孙儿又孝顺，还赶上了喝甜水的日子。

吉时将到，李泌率州县的官员步上高台，众百姓一片欢呼。祭拜完毕，李泌向众百姓宣读朝廷诏令，然后通知放水。高台上一声锣响，一个负责传令的县尉拿着一柄令旗，骑上马往城外飞奔，到城外传令放水，值守斗门的人员把闸门抬起，清澈的湖水就从"阴窦"中的竹管流向城里。城里的小方井里，一会就听到一阵水响。百姓们大声喊："水来了，有水喝了！"

过了一阵，小方井里的水越来越深，司户参军宣布开井。由钱塘县令亲自下来，把井口的红绸扯开，旁边的县吏忙把水桶放下，打了一桶水，抬上高台。李泌手持玉盏，将水分别敬天地，敬皇帝，最后他向百姓作揖说：此次所赖天地护佑，皇恩浩荡，引得钱塘湖水进城，今后百姓饮此水，当知感恩天地，报效朝廷才是。众人都回礼说，谨遵刺史大人教诲。放水、取水的仪式的当天，据说城中到处都能碰到因高兴而喝醉的人。

其他的五口井也陆续完工。此后，李泌又在上湖筑石函桥、石函闸，以利湖水排泄到下湖，使湖水能够更好利用。

没隔多久，李泌奉调回京，担任宰相之职。杭州百姓为了感念李泌的功绩，把其中费工最多的一口井称为相国井。杭州一下就有了相国井、西井、金牛井、方井、白龟井、小方井这六井（相国井在今解放路和浣纱路交界，西井在今延安路南口，金牛井在西井西北，俗称四眼井的"方井"在金牛井西北，白龟井在今龙翔桥之西，俗称"六眼井"的小方井在今小车桥附近）。有了井，就有了市场，人气也就越来越旺。

六井开凿后的四十一年后，长庆二年（822）十月，又一位著名人物来到杭州担任刺史，他就是白居易。李泌开六井的时候，他才九岁，这年他已是五十岁，知天命之年了。此时的杭州与四十一年前大不相同了。白居易用他的五彩之笔尽情地描写杭州："灯火万家城四畔，星河一道水中央。""灯火家家市，笙歌处处楼。"可见，有了李泌开凿的六井引来钱塘湖水的滋润，杭州城已经发展成东南名都，形胜之地。然而，四十一年的时间过去了，六井已经堵塞严重，有部分井完全打不出水来。白居易经过考察，主持疏浚六井，通过更换阴窦中的竹管，清掏斗门的杂草淤泥，清清的湖水又流进城里。他还在湖里修堤，蓄积湖水，以利湖周边的农田灌溉……白居易还把李泌开六井与自己如何治理湖水的事情，在湖边立石碑，作《钱塘湖石记》，镌刻于上。北宋嘉祐年间（1056—1063），杭州太守沈文通又开凿了南井；熙宁五年（1072），杭州太守陈述古，重新疏浚、整治六井，相国井水量丰沛，还溢出井坎，流到漕河，使运粮船也得其便。在第二年的浙江大旱中，杭州因为整治了六井，百姓生活没有受影响。元祐四年（1089），苏轼任杭州知州，他在杭州也做了很多受到老百姓称赞的好事。在一篇奏折中，他提到李泌开的六井，使杭州"民足于水，井邑日富，百万生聚，待此而后食"，还写下《钱塘六井记》。

因为李泌做过十年宰相的缘故，相国井成了后世学子的"朝圣"之地，不少进京赶考的杭州学子，出发前都要来相国井，投下钱币和银子，以祈求考运顺利。

如今，李泌的六井中的五井早已湮没，只有相国井还保留下来，并成为杭州市市级文物保护单位。而李泌开六井的故事也将如西湖之水留存永远。

相国井小档案

相国井位于杭州市解放路西段井亭桥边,现为杭州市市级文物保护单位。

参考文献

〔宋〕欧阳修、宋祁等:《新唐书》,中华书局,1975年。

钱王开启"群攻"模式挖了九十九口井

——百井坊巷

听到杭州的百井坊巷,第一印象肯定是觉得这里有一百口井,那是不是真的有一百口水井呢?这就要来讲一讲吴越王钱镠(852—932)的打井故事。

话说南朝梁武帝大同二年(536),这一年世界颇不平静,有历史学家考证说,这一年,一场神秘的大雾降临欧洲、中东和亚洲部分地区,全球的温度骤降,这有点像电影《后天》的样子,令人感到恐怖。这样恶劣的气候一直延续了一个世纪。后来有人认为是火山大量爆发引起的,也有人认为是彗星撞击地球造成的气候异常现象。当然,中国也未能幸免,在北方的西魏,"魏关中大饥,人相食,死者什七八"(《资治通鉴》),可见灾难之严重。这时的西魏统治者却不顾老百姓的死活,派兵进攻南方的梁国,梁武帝开始反攻并北伐,打退了西魏的进攻。

对于笃信佛教的梁武帝萧衍来说,这样的胜利必定是归功于佛菩萨的保佑。萧衍崇佛达到了匪夷所思的程度,他曾在七年前干了一件令世人震惊的事,就是舍身到同泰寺(今南京鸡鸣寺)当和尚。皇帝当了和尚,这怎么行?国不可一日无君啊。朝廷百官群龙无首,四天后,

百井坊巷街景

官员们忙筹措资金,把他赎回——这当然是预演好的节目。这样,寺院就可以收入一笔钱财,功德也就算在老萧的头上了。没想到,这样的舍身一搞就是四次,最长的一次,萧衍竟在寺院里住了三十七天!每一次闹到最后都是朝廷用重金赎回。

上有所好,下必甚焉。大同二年不但全球气候变化异常,北方遭灾,处于南方的梁朝拥有江南的肥沃之地,当然是经济条件要好些,不过,又和北方打了一仗,算下来这年辰也好不到哪里去。由于梁武帝崇佛,梁朝的佛寺越修越多,后来唐代的杜牧曾有"南朝四百八十寺"的诗句,实际上有多无少。位于东南的吴兴郡(南北朝时的杭州属吴兴郡),就有一个叫鲍侃的市民,发了向佛之心,愿意把自己住的房子捐出来,建立寺庙。既然有了地盘,就有人筹集资金,没多久,就把寺庙建起来了,并取名发心寺。这座寺庙几易其名,唐太宗贞观年间改名为众善寺,神龙元年(705)改名为中兴寺,神龙三年

（707）改名为龙兴寺，这个名称一直沿用到了宋代。

还在唐僖宗乾符二年（875），杭州临安石镜乡大官山出生的钱镠时年二十四岁，长得孔武有力，而且他自幼学武，擅长射箭、舞槊，对图谶、纬书也有所涉猎，成年后以贩卖私盐为生。那年，浙西狼山镇遏使王郢拥兵作乱，石镜都镇将董昌招募乡勇平叛。钱镠应募投军，被董昌任命为偏将，随军平定王郢之乱。后来经过长期的征战，钱镠的军功越来越大，到了唐昭宗时期，景福二年（893），钱镠升任苏杭观察使，后来任镇海军节度使、润州刺史。乾宁二年（895），董昌在越州（今浙江绍兴）自立为帝，唐昭宗派钱镠进攻董昌，在俘获董昌之后，董昌投河自尽。经过几年的征战，浙江一带基本被钱镠征服，天复二年（902），钱镠进封为越王。这时，却发生了一件意想不到的事。

原来钱镠见没什么仗可打，就派自己的军队参与杭州、临安的水利工程，但这些当兵吃粮的哪里愿意？就产生了怨气，武勇都左右指挥使徐绾、许再思生了反叛之心。徐绾还曾想在酒席间杀掉钱镠，但没胆子下手，就称病离席，当时钱镠也觉得很奇怪。但钱镠还是大意了，在他出巡衣锦城的时候，徐绾、许再思起兵叛乱，攻打杭州的内城（牙城）。钱镠的儿子钱传瑛与三城都指挥使马绰等率众抵抗，他们关闭牙城城门，全力防御。还派出牙将潘长出城向徐绾、许再思的部队发起攻击，徐绾不敌，只好退守到了龙兴寺。这时的龙兴寺已不是鲍侃舍宅时的样子了，规模大了很多倍，据说寺基广袤九里余，这样宽敞的地方，进驻一支军队是绰绰有余的。

徐绾、许再思的叛兵进驻之后，龙兴寺的僧人肯定是一哄而散。叛兵们在寺庙里大肆搜寻值钱的东西，寺庙破坏严重。唐文宗开成二年（837），立龙兴寺经幢，经幢石质，高 4.2 米。上刻《佛顶尊胜陀罗尼经》，短柱上四面刻佛龛，每龛一佛二菩萨，雕刻精美，经文为唐代大书家胡季良所书写。现在是杭州的全国重点文物保护单位。

徐绾、许再思的兵乱平息之后，因原龙兴寺住持国一禅师的灵骨塔被毁坏，钱镠以厚礼重新埋葬国一禅师，并重新修塔。由于钱镠也很信佛，龙兴寺再度兴盛。寺院面积广大，来的僧人众多，而且分散在各个分院，用水就成了问题。以前只有几口井，根本不够用，寺里上报了这一情况。钱镠一听，一不做，二不休，干脆每个分院都打井，每个需要用水的地方都打井，他派出曾经多次参与水利工程的部队参与打井，这一口气就打了九十九口！不过也有人提出怀疑，认为水井的数量不可能这么多，如《淳祐志》记载："有井九十九眼。"《十国春秋》有载，（吴越）宝正六年（931），"浚中兴寺戒坛院井，井九十九眼，号钱王井"——有可能是一口井上多个井眼，而不是水井的数量。但不管后人怎么分析，有一点可以肯定，那就是百井坊巷的前身，那座规模巨大的寺院里，确实曾有数量众多的水井。

当这么多水井都出现在僧众面前，大家品尝甘甜的井水时，都不约而同地念佛，还称颂钱王的功德。后来，钱镠在龙兴寺里设立了戒坛院，作为吴越国僧人受戒的地方，这样一来，在龙兴寺挂单的僧人更多，九十九口井正好就派上了用场。

到了北宋大中祥符年间（1008—1016），朝廷向龙兴寺赐了"大中祥符"匾额，该寺就叫祥符寺了。有了九十九口井，寺院里的僧人越来越多，而朝廷赐匾的荣耀，使得祥符寺的香火更旺。连知州大人没事也要来寺里逗留一下。这知州是谁？苏东坡。

第三章 王者宰相为杭州留下的大功德——唐代古井

钱王井

乐善堂井

苏东坡第一次到杭州时是任通判。这年是熙宁四年（1071），他三十六岁，虽说被贬谪心情不好，但还是和知州陈襄一起，重新疏浚六井，干了不少让杭州人受益的好事。第二次到杭州时，作为一把手知州，他发起疏浚了被杂草葑合的西湖，将挖出的淤泥用于新建苏堤，保留住了西湖一泓碧水。闲时他游山玩水，留下大量优美的诗篇，而信佛的他特别喜欢城中的祥符寺。据《武林梵志》记载，苏东坡与寺僧可久是诗友。祥符寺的灯会十分有名，璀璨夺目。有一年元宵节，苏东坡在祥符寺看了灯之后，不要人跟着，就到可久的房间来，但可久的房间却没有点灯，漆黑一片，却闻到蔷棘的余香。苏东坡赞叹不已，写下一首诗离开："门前歌舞斗分明，一室清风冷欲冰。不把琉璃闲照佛，始知无尽本无灯。"很有禅意。

另一本宋人的笔记《北窗炙輠录》也记载了一件事：苏东坡还与祥符寺的一位会弹琴的僧人惟贤关系很好，经常去听惟贤弹琴。但他为人放旷，不拘小节，天气热时，一到惟贤的房间里，就把衣服脱掉，下半身露出两条大腿，躺在竹榻上乘凉，还叫一个小跟班为他挠痒，真是享受。往往到最后，连头发的汗巾也不戴了，只用一根麻绳系着头发。

到了南宋时，祥符寺改为军器所，从佛家净土变成舞枪弄棒的地方，这个反差太大了。当然，这里的九十九口井，正好成了兵士们的饮用与磨刀、淬火用水的水源。

后来，因为这九十九口井，市民们就把这里的一条小街叫作百井坊巷，而现在留下来的井，也就只有屈指可数的两三口。百井坊巷也只有用名字，向消逝在历史尘埃中的另外九十多口井致意了。

百井坊巷井小档案

百井坊巷东起中山北路,西至延安路,长353米。《杭城坊巷志》记载,吴越王钱镠开井九十九眼,后来多数湮塞,仅存三眼,相去各数十步,巷口的钱王井就是其中之一。这口井水源充足,虽大旱而不涸。

参考文献

〔清〕张大昌辑:《龙兴祥符戒坛寺志》,杭州出版社,2007年。

〔清〕吴任臣:《十国春秋》,中华书局,2010年。

钱镠麾下武将也是个"凿井狂"
——新登唐代古井

杭州富阳西部的新登镇,有两口唐代古井,现在仍能使用。实际上,原来一共是四口井,分别位于城隍庙、孔庙、方家祠堂和彭家弄,目前只剩下方家祠堂和彭家弄的两口了。那么这几口井有什么来历呢?

唐昭宗大顺二年(891),唐王朝统治力急剧下降,军阀割据相互征战,到处纷纷扰扰,但在钱镠治下的东安都(今杭州富阳新登镇)却保持着平静的状态。这个小城始建于三国吴黄武五年(226),为析富春县地置新城县,随即并入桐庐。西晋太康(280—289)末,复置新城县。隋开皇九年(589)并县入钱唐县,设东安镇。隋大业(605—617)初,复置新城县。唐武德七年(624)并入富阳,永淳元年(682),复置新城县。后梁开平元年(907),避梁太祖父名诚讳,改新城为新登,取"年谷丰登"之义,新登之名始于此。宋复名新城。元、明、清沿用不变。这个小城风景秀丽,民风淳朴,邑人武新安写道:"新城,古岩邑,天目之支,是水出焉。山川雄秀,出云表间。"每天,农人在城外的田地里忙活,城里街巷中人来人往,各自做着自己的营生。哪里的军阀攻占了哪个郡县,有谁又封了节度使,或者封了公爵、王爵,这些现实中的残酷战争,对他们来说,就像非常遥远的戏剧。茶余饭后，城里的老者还会坐在大树下，将这些作为笑谈之资。而他们不知道，其实战争的威胁，离他们已经很近了。

盘踞扬州的杨行密，就常常成为话题的主角。在老人们眼里，这杨行密就像是怪物一样的存在。他幼时丧父，家庭贫困。但长大成人之后，身体魁梧，高大有力，是"举重高手"——能手举百斤的物体。而杨行密最厉害的，是他的"神行太保"的脚力，一日可走三百里路。这两项要是在21世纪的现代，肯定可以参加世界运动会的角逐，说不定还能拿块奖牌。在唐末，这样的技能就被神话了。就在大顺二年（891），有消息说杨行密的部队快打过来了，这消息才让每天侃大山的东安老人们心里一震。

这天下午，几个老人又聚在一起，闲谈开始。五黄六月的天气，大家都不停地冒汗，却不约而同地谈起了杨行密的军队，要是打到东安怎么办？大家可以往哪里躲？这时，一个年轻男子挑着一担桃子走过来，听大家聊了一会，就插嘴说："你们慌什么呢？杜将军不是镇守着东安吗？还有彭城王（钱镠）的大军，听到消息肯定会来增援，还有，我们东安人也不是吃素的嘛！打仗时，我们青壮汉子都可以上！"话音刚落，旁边传来一声喝彩："好小子，东安都像你这样的人，那还怕什么杨行密？"大家一看，原来不知什么时候，镇守东安的东安都将杜稜带着几个士兵到了跟前，众人连忙起身施礼。乾符二年（875），由于浙西王郢叛乱，杭州各地组织地方武装保卫乡里，号"八都军"，杜稜任东安都将。杜稜身材高大，浓眉大眼，站在那里就会让人感到英风扑面。他接着说："大家放心，彭城王把东安都交给我来镇守，就要守好。大家要加固城墙，参加训练，在敌军来到时奋勇杀敌，只有这样才能保证我们的东安都不会被敌军蹂躏。"大伙听他一说，群情振奋，都说："一切听凭杜稜吩咐。"那个卖桃子的青年说："我不卖桃子了，我来当兵，守好城。等敌军打退之后，我再重新卖桃子。"杜稜和其他人都哈哈大笑，杜稜说："男子汉大丈夫，就要志在四方。你立了军功，想卖桃子也回不来了，锦衣玉食等着你呢！"

杜稜带着士兵巡视了一遍城防，回到营地，把幕僚和军官们都召来，一起商量如何抵御强敌。他说："天下纷乱，像庞勋、王仙芝、黄巢等人的军队，每到一地，都会大肆抢掠，其他的军阀军队更是如此，如果稍不留意，再小的乡镇、村邑也会遭到战火。现在杨行密的部将对我们剑拔弩张，随时都可能侵犯。彭城王把东安交给我来守卫，还告诉我要坚固城防，我想趁敌军还没到来之前，抓紧把罗城修整好，这样才能有备无患。"

决定做出后，杜稜就率领相关的人员开始勘查地形，他准备依山筑城，这样可以借助山势，也便于防守。在测量完毕之后，就开始进行谨慎周密地预算，并召集民工和工匠，"相其险易"，"度其费资，卜其力用"，对自己的部将李可球、胡仅等说："你们在杭州的时候，曾经跟随着大丞相（钱镠）修筑过城墙，这次一定要把好工程的质量关，不要不如丞相当年修筑的城墙。"他还派出二十一员将领，在东安附近进行警戒，以防备敌军的突然袭击。并派将领专门看守仓库，把守城门，不许嫌疑人等进入城里。如有违反，则追究责任。

进行了一系列细致的安排之后，在暑热还盛的七月，罗城的修建工程开始动工。那天，东安镇的人扶老携幼，都到筑城的工地，能够帮上忙的都来帮忙，帮不上忙的老弱，则为筑城的工匠、兵士和百姓端茶送水。

转眼到了第二年即景福元年（892）四月，罗城的修筑工程即将完工。一天，杜稜到一处工地视察，只见大家干得热火朝天，只是半天没看见有人送水过来。一问，才知道，原来城里的井离这里太远，取水和烧水要花费不少时间。这问题让这位打过不少仗的将军一愣，他拍了拍脑袋，说声"哎呀"。大家都吃惊地看着他。他说："还在筑城期间，喝水就成了问题，要是打起仗来，这可是要命的事啊！"于是赶紧召集负责工程的人员，一起商议，在城的四面都各打一口井。

修建罗城的工程完工之后，杜稜看着十分高兴，城墙下面都是青石砌成，非常坚固，城里的粮草也准备得很充分。但由于前方一直没有动静，打井的事情也就拖了下来。时间飞逝，平静的日子过了三四年，就在大家以为平安无事的时候，一天，前方派出去警戒的部队突然传来消息：杨行密派部将安仁义的精锐部队，由田颙、陶雅、金威率三路大军前来进攻，附近的紫溪、窭堡、火口、建宁、静江等地的人由于城邑被攻破，很多难民都逃到东安来。城里的人听到消息之后，开始慌乱。杜稜将警戒的军队撤回城里，军民们都行动起来，到城上守护。第二天，敌军就开到了东安都，他们搭上云梯前来攻城，箭像飞蝗一样射上来，但守城的军民利用固若金汤的城墙，进行反击，战斗持续了很久。这时，喝水的问题就暴露出来了，杜稜忙让部下不分昼夜，赶紧按以前勘察出来的井址打井。第二天，四口井全都打出水来。守城的士兵和百姓喝着清凉的水，吃着充足的粮食，战斗力惊人，而杨行密的军队劳师远袭，在此战中数千士兵战死——"毙贼将于城下者其数盈千，濠塞堑堙。自是群寇不复有图南之意"（《十国春秋》）。

杜稜在打井时，选定了城隍庙井、孔庙井、方家祠堂井和彭家井（据富阳乘庄村《东安杜氏宗谱》，如今

第三章 王者宰相为杭州留下的大功德——唐代古井

077

称为"彭家井"的古井，原名为"杜家井"。元代，杜家搬离后，彭家迁了进来，长此以往，后人就将井改叫成了"彭家井"）。经过一千多年的岁月变迁，现在只剩下方家祠堂井和彭家井还能使用，而且水量都还很充沛呢。

这两口古井和古城的每一寸城墙，也仿佛在默默述说着千年前那场保境卫民的激烈战斗，以及杭州人那种坚韧、团结、乐观的奋斗精神。

新登唐代古井小档案

新登四口唐代古井分别位于富阳新登镇原城隍庙、孔庙、方家祠堂和彭家弄，为唐代东安都将杜稜为城防开凿。现只有方家祠堂和彭家弄两口尚存，还能供居民使用。

参考文献

〔清〕吴任臣：《十国春秋》，中华书局，2010年。

富阳新登镇志编纂办公室编：《富阳新登镇志》，浙江人民出版社，1994年。

骆炳浩、江栗峰、吴卫平：《透过井水，望见历史的幽深——新登古镇"藏"着两口唐代古井》，《杭州日报》2016年8月12日。

第四章

一口大井，盛下一部『十国春秋』
——五代古井

辘轳金井梧桐晚，几树惊秋。昼雨新愁，百尺虾须上玉钩。

琼窗春断双蛾皱，回首边头。欲寄鳞游，九曲寒波不溯流。

——［五代］李煜《采桑子》

号称第一的百姓圣水
——钱塘第一井

钱俶愤愤地把面前厚厚的一摞卷宗往旁边一推,正好把桌上的一个茶杯撞落在地。"叮当"一声脆响,龙泉窑的茶杯当即碎成几片。碎片苍翠的釉色,映着一小汪残茶的浅黄,就像门外的春色,烟雨里带着寒意。这响声把旁边的长史吓了一跳,忙使个眼色,门旁侍立的侍女赶紧进来,收拾干净了。

长史躬身说:"刺史大人,请您稍安。这春天才到,境内农事繁忙,所以案牍肯定多了。"

看着侍女离去的袅娜背影,目光移到门外天井里的那棵大树,天井里仿佛有一层薄薄的雾,让人感到潮湿、憋闷,十九岁的台州刺史钱俶心里烦躁不已。但他还是笑着对长史说:"先生请坐,这春寒料峭,却要在此案牍劳形,心里很是不爽快。要不今天就不批阅了,我准备出去走走。"长史本想再劝他几句,但想到那个杯子,本是钱俶的心爱之物,刚才一定是故意打碎的。钱俶平时对人很是温和,又极信佛法,今天这样发脾气倒还是第一次见。钱俶是吴越武肃王钱镠之孙、文穆王钱元瓘(887—941)的第九子。文穆王钱元瓘驾崩后,由第六子钱弘佐继位,那时的钱俶才 12 岁,还是个孩子。经过几年时间，钱俶渐渐长大，到了束发之年，也就是十五岁时，已是后晋开运元年（944），当国王的哥哥钱弘佐便想让他历练历练，于是就任命他为内衙指挥使、检校司空。过了两年，开运三年（946）三月，外放他去做台州刺史。还给他安排了几个老成的官吏辅佐他。

长史想到这里，就问钱俶，想去哪里走走？钱俶说："天台山。"他看到长史嘴巴吃惊地张了一下，又接着说："那里的德韶禅师，乃得道高僧，我祖武肃王在世时，曾与其交游，他智识过人，我想前去拜谒。"

从台州州衙到天台山，一百多里的路途，游山玩水加上往返的时间，没有三四天是回不来的。长史暗暗叫苦，这小王子小名叫虎子，少年心性贪玩，丢下这么多事情，耽搁几天时间，如何是好？钱俶看他微蹙双眉，就知道他担心自己去后耽搁公事，于是笑道："先生请莫担忧，这些案卷，我今晚就能批完，你们办理就是。我出去这几天，你们几个老先生就多担待着点。"长史只好躬身称是。

第二天，天公作美，淅淅沥沥的春雨居然停了。雨后天晴，春阳高照，周遭的树木都像洗过一样，特别清新亮眼。熬夜批阅公文的钱俶睡醒之后，简单吃了点东西，问管家出行的准备情况，回答早已备好马车、仪仗。钱俶就要求撤去仪仗，只带几个下人和贴身护卫，轻装出发。没想到，走出十多里地，钱俶见马车外绿树成荫，农人已经在田里忙碌了，他便想下车问问情况。在下车时，一个不小心，绊着块石头，摔了一跤，把脚扭伤了，动弹不得。钱俶又痛又恼，只好命打道回府。

斜躺在软榻上，钱俶拿着一卷《法华经》翻阅着，下面的脚踝又红又肿，敷着一块膏药。长史和司马等一干州吏在旁守候。侍女又捧着一个天青色的杯子过来，里面的茶汤浓酽，散发着诱人的香气。钱俶把书一放，恨恨地说："看来这是菩萨不让我出门。这参谒德韶禅师的事好不容易发心，天气也这么好，谁知道竟成了这样。"司马说："大人请放心养伤，我想那德韶禅师，虽方外之人，但也是我台州治下，岂能劳动您猥自枉屈，不如明日州衙移文，请禅师过来。"长史也说："司马大人所言极是，这种事情，就一纸文书即可，何必您亲身犯险啊！"

钱俶叹口气道："两位先生不知，我祖武肃王在世时，有一位高僧贯休，当年觐见武肃王时，曾作一诗，里面有两句：满堂花醉三千客，一剑霜寒十四州。武肃王觉得气势尚嫌不够，让其改'十四州'为'四十州'。结果贯休说'州既难添，诗亦难改'，竟千山万水到西蜀去了。父王在时，常言武肃王每谈及此事，都深以为憾。武肃王晚年时也曾礼遇德韶禅师，如今我想请教于德韶禅师，岂能失礼呢？"他喝了口茶，看着手中的杯子又说："这德韶禅师，出生地就在处州（今浙江丽水）龙泉，端的是佛缘深厚，曾遍访五十四位大善知识，后来彻悟得道。不知怎么的，我每一拿着这龙泉窑杯喝茶，就会心念一动，想起他来。这岂非宿缘？"

长史微笑说："大人所说的高僧贯休，在下也曾听说。他作的罗汉画可是大名鼎鼎啊！您何不亲书一封，下官不才，愿担此投书之任。"钱俶大喜，也不顾脚还痛着，忙叫侍女拿来笔墨，修书一封，并派仆役与马车。第二天一早，长史就出发了。

这德韶禅师是谁？为什么能引起地方大员的关注？德韶禅师唐昭宗大顺二年（891）生于处州龙泉的一户姓陈的人家。他受家庭的影响一心向佛，十五岁时就想出家，他的父母见他决心已定，留他不住，就索性答应他

钱塘第一井

的出家请求，只是要他再过两年才走。两年中，小德韶把两位老人当成佛祖对待，十分孝顺。十七岁时，就离开家，到处州的龙归寺落发为僧。第二年，他又在信州（治所在今江西上饶）开元寺受具足戒，正式成为僧人。后来遇到法眼禅师证悟。法眼禅师非常高兴，就赞叹道："你以后将会成为国王的老师，光大法眼宗一脉，我的成就也比不上你呢。"德韶禅师彻悟后不久，就回到浙江，来到天台山，创立寺院弘扬佛法。

这台州长史一路行来，到了天台山上，顾不得观山望景，忙去拜谒德韶禅师，把钱俶的亲笔书信呈上，本以为禅师会有一番推托，自己也想好了说辞。谁知禅师看了来信，微笑说："施主远道来，今日在敝寺歇息，明日一早，贫僧就和你一同下山。"长史没想到这么顺利，赶紧答应。

钱俶听说德韶禅师已到大门，忙让人搀扶着起来，亲自到门口迎接。德韶禅师其时已年过半百，但神清骨秀，浑身洋溢着祥和之气。钱俶便向德韶禅师执弟子之礼。十分崇佛的钱俶身边有了德韶禅师，心情大好，每天都向禅师请教禅宗的道理。有一天，钱俶问禅师，自己的前程到底如何？禅师对钱俶说："施主虔心皈依我佛，乃有霸主之命，到时候不要忘记佛恩才好啊！"钱俶闻言大吃一惊，害怕被别人听去，给自己招来大祸。所幸只有门口的侍女，不通文墨。于是放下心来，拜倒在地："大师，若有此日，定当多行善举，以酬佛恩。"

历史总是有很多必然也有很多偶然。钱俶和德韶禅师见面之后的第三年，他的六哥钱弘佐在位七年后，于后晋开运四年（947）薨，谥忠献。这年十月，契丹人南下，后晋皇帝石重贵的姑父杜重威率军投降，丧失了军队主力的石重贵也做了俘虏，全家被押送到契丹，后晋覆灭。后晋亡后，河东节度使北平王刘知远（895—948）在太原称帝，建立后汉，改开运四年为天福十二年。在吴越国这边，钱俶的七哥钱弘倧即位，但这位钱七哥却没有钱六哥的好脾气，对前朝老将们的傲娇一点都忍不了，才即位半年，就想杀掉大将胡思进。没想到消息走漏，倒被老胡抢先下手，把钱七哥给废了，迎接"九哥"台州刺史钱俶为吴越国王。德韶禅师当年的预言竟然成真。

短短三年，钱俶就从刺史一下龙飞在天做了国王，毕竟才二十岁的年轻人，心里的那份高兴是藏不住的，马上派人去天台山，请来德韶禅师到杭州，并马上拜为国师。

这年冬天，杭州下了一场大雪，到处银装素裹，分外迷人。国王钱俶一时雅兴，请德韶国师一起出门踏雪。德韶国师欣然同意，钱王让前面不许鸣锣开道，搅扰百姓，两人后面跟着众多内侍、侍卫、宫女，一路缓缓往吴山而来，准备登上吴山，到城隍庙去饱览全城湖山的雪中美景。到了山脚下，却见岔路上，一个女子手里提着桶，低头走路，没看到仪仗，一下和队伍撞个正着，心里一惊，水桶也滚到一边。一名侍卫大喝道："这女子，冲撞王驾，你可知罪啊？"女子吓得跪在一旁，瑟瑟发抖。钱王上前一看，忙止住侍卫喝骂，问女子，因何大雪天还出来打水。女子说："小妇人的婆婆喜欢用郭婆井的新鲜水煮茶，故每天都前往打水。没想到冲撞王驾，真是罪过。"钱王说："既然如此，孝心可嘉，何罪之有？"然后让女子回家，并命侍卫去郭婆井取水，给她家送去。德韶国师在旁双手合十："善哉善哉！难得这份孝心啊！东汉时蜀中有孝子姜诗[①]夫妇，孝行感天，涌泉跃鲤。贫僧观之，既然郭婆井出自吴山，说明吴山之下必然还有泉眼，可凿井惠民。"

钱王大喜道："国师所言有理，唐时李泌相公开凿六井，于今已有一百六十余年，杭州城邑繁华，都仰赖这六井。要是能在此处凿成井来，更是功在黎民，利在千秋。只是不知何人能担此任？"

"贫僧愿担此任！"德韶国师朗声说。

当日，钱王与国师到了吴山之上，饱览雪中的湖山美景，无非谈国事、谈禅理，则按下不表。

转眼就到了春暖花开时节。德韶国师奏明钱王，要到吴山践诺凿井。因春天农忙即将开始，钱王不想让凿井的事征用劳役，于是命负责王府工程的官员，带领部分兵士来完成。

德韶国师用了几天时间勘察井址。他根据山势，判断水脉走向，发现这地方的水主要是山泉流出，不像其

[①] 姜诗，字士游，广汉郡雒县泛乡（今四川德阳市旌阳区孝泉镇）人。东汉时期孝子，"二十四孝"之一"涌泉跃鲤"主人公。

钱塘第一井

他地方是地底涌泉。几天后终于厘清了水脉,确定了井址。于是他和王府的将作都水监的都水使者商量,建议将这一片地方凿成一口大井,以汇聚山泉。按四面都长一丈规格来开凿,最后凿成一口大井——深有一丈二尺左右,周围用条石砌筑,井底铺上石板,用糯米浆和石灰等材料勾缝,留出排水孔隙。大井开凿并砌好之后,放开堵塞的泉眼,清清的泉水流入大井之中。因是山泉水,不杂江湖水质,寒冽清新,这口井也被称为"寒泉"。周围的居民前来取水试用,都竖起了大拇指,赞叹德韶国师的开井之功。

寒泉凿好没多久,德韶国师就告别吴越王钱俶,还是回到天台山般若寺继续弘法。其弟子延寿大师后来又应钱王之邀,在宋太祖建隆二年(961)驻锡永明寺,被后世弟子尊奉为净土宗第六祖,开创禅净双修法门。

钱俶也没有忘记与德韶禅师的约定，为报佛恩，他在后周显德二年（955），模仿阿育王造塔一事，铸造了八万四千座小宝塔，中间放置宝箧印心咒，广行颁施，世称钱俶塔，还远传到日本；北宋开宝三年（970），钱俶请智元禅师建造了六和塔；北宋建隆元年（960），复兴杭州灵隐寺，请智觉延寿为中兴第一世；又迎请螺溪义寂讲《法华经》，特赐"净光大师"之号；北宋太平兴国二年（977），在西湖南岸夕照山的雷峰上修建了雷峰塔；传说中的保俶塔也和他有关……

德韶禅师开凿的这口"寒泉"，后来被称为"吴山第一泉"。它的上面最开始是没有盖子的，加上又宽又深，前来取水的人一不小心就容易滑下去淹死。据《钱氏私志》（南宋钱世昭著）记载，南宋高宗绍兴年间（1131—1162），吴山下有大井，每年都有人落水淹死。太尉董德之率众用大方石板盖住大井，留了六眼井口，每个井口只能下水桶，就再没有人掉下去了。南宋理宗淳祐七年（1247），杭州大旱，城中大多数井都干枯了，只有这口井依然出水。明成化《杭州府志》中将吴山大井与虎跑泉、龙井、玉泉、郭婆井合称为"杭州之圣水"。明代田汝成所著《西湖游览志》记载，该井"有金银杂色鱼长数尺者，或隐或现，相传来自井底泉眼"。相传老字号朱养心膏药店熬制膏药，就曾从这钱塘第一井里取水。看来这口蕴藏着德韶禅师功绩的寒泉，确有着济世之功呢。

1986年，杭州市人民政府公布"钱塘第一井"为市级文物保护单位，现为省级一类文保建筑。历经千年，这口井还能使用，不能不说是杭州人民的福气。

钱塘第一井小档案

　　钱塘第一井位于杭州市清河坊大井巷22号一个民居的天井里，古井坐东朝西，总体布局呈"凹"字形。天井中部分布五井，旁有界碑镌刻为"古大井墙界"。大井为五代吴越国师德韶所凿，初凿时周长四丈，规模甚大，井口无盖，名"吴山第一泉"。

参考文献

〔宋〕释赞宁：《宋高僧传》，中国文史出版社，1999年。
〔宋〕范坰、林禹：《吴越备史》，中华书局，1991年。
《成化杭州府志》：杭州数字方志馆。
黄夏年：《天台德韶与天台宗》，《浙江社会科学》2006年第2期。

第五章

凡有井水处，皆能歌柳词
——宋代古井

百尺青梧桐，下有寒泉井。分明古镜中，照见梧桐影。
朝汲水花清，暮汲水花冷。愿持沉瀿杯，远寄蓬山顶。

——〔宋〕郑獬《古井》

古井竟用铁井圈是什么原因？
——淳安铁井

北宋哲宗绍圣年间（1094—1098）的一个春天，淳安县城一座大宅院里，进士汪常在自家的花园里接待了几位来访的客人。这几位客人中有城西的里正、坊正，还有几位时常往来的文人。汪常因为科举高中进士，告老还乡之后在当地很受尊重。这次他们是有件大事要商量。

汪常的进士第很是气派，宅院后边的花园虽然小，但很精致，春天的阳光把几个人晒得特别舒服，喝着明前的新茶，大家谈兴正浓。还是汪进士止住了大家天南海北的闲侃，他说："今天请大家来寒舍，是有要事相商。用水是老百姓最关心的，县里已有一口东井，解决了城东百姓的用水问题，但城西百姓用水只能去湖里挑，十分辛苦。有不少百姓到我这里来，希望我来领个头，在城西打一口井。这才把大家请过来。"里正和坊正一听，十分高兴，就说："汪先生德高望重，我们城西早盼着有一口井了，城西的富户也能捐银子，只是没有人来领头，就拖下来了。"汪常说："虽说打井是方便百姓用水，但我淳安自东汉建安十三年（208）建县以来，已近九百年，民风淳朴，人文蔚起，从景德二年（1005）第一名进士吴涟算起，到现在已有多人上了皇榜，因此这打井还需要留神,不要坏了县里的风水才是。否则,你们和我都成了淳安的罪人了。"大家忙说,请汪先生来提调。

这次商量的结果,是大家明确了打井的目的,分派了任务。里正和坊正本来就管着当地的赋税缴纳等事,对每家每户的经济情况较为熟悉,由他们出面来募捐是最合适不过。汪常和几位文人除了联系县衙之外,还要找精通打井的工匠,相好地势、水脉,不使挖的井破坏淳安的格局。城西老百姓奔走相告,有的人还拿此事作为赌注,进行"关扑"(以商品为诱饵赌掷财物的博戏)。

汪常请了一位精通打井的工匠,在城西转了几天,最后确定一个位置。这位工匠说,这里是水脉经过之地,水势很大,且与东井互为犄角,一东一西,城东城西的百姓用水就方便了,就像淳安的两只眼睛,可以"看"得更久远啊。汪常与其他的人听了都很高兴,于是就确定下来位置。但这位工匠又说,这口井开掘之后,不能像其他地方的井一样开很小的井口,一是这里水量丰沛,需要大井口才能容纳,二是既然是淳安的"眼睛",肯定不能太小。

汪常自己带头出了最多的钱,这个示范作用带动了其他人都纷纷募捐,没过多久就把打井的钱筹齐了。选定了良辰吉日,开始打井。春暖花开的时节,工匠们干活也很卖力,远远地就能看到搭起的井架,只见一筐一筐的泥土从井里提上来,已经看到湿土了。经过紧张施工,西井终于打出来了。

西井完工的那天,知县也受邀来到现场,当地的耆老、名士云集。只见汪常一声喊,众工匠拆掉井架,一口大水井就呈现在眼前。井口竟有一丈五尺,而井深达数丈。井水水量很大,"水极清洌",涌到和井口齐平,再沿着一边开出的小沟流走。城西的百姓们一个个脸上带着笑，他们知道，西井除了用作饮用水之外，还可以在旁边洗菜、洗衣，而且不用费什么力气，就能汲到水了。汪常发起打井的事迹后来被记入了县志，百世流芳。

西井打成之后，给淳安县城西的人带来了很多方便，大家喝着清澈的井水，还能用井水洗衣、淘米、洗菜，渐渐地围绕着西井修起了不少民居。但由于西井的井口过于宽阔，发生过几起大人和小孩跌入井中溺亡的事故。这让附近的人很是担心，但一直没人去解决这个问题。直到后来在西井上加了个铁井圈，使"淳安铁井"远近闻名，成为淳安"铜桥铁井小金山，石峡书院活龙山"中的"铁井"美景。但是这个铁井圈是谁铸造的呢？却有两种说法。

一种说法是：淳安近现代史上的著名词家、学人邵瑞彭考证，宋徽宗政和七年（1117），距开井时已经将近二十年，多次发生的跌井事件让当地僧人发心要解决这一难题，于是发起募捐，然后为西井铸造了一个铁井圈——"缭以铁阑"。而后来铁井圈上有个缺口，是因为"邑被兵，捶其阑，啮焉"。看来有些攻进淳安的士兵对铁井圈起了贪念，想将其锤烂运走，但这铁井圈太坚固了，只缺了一个小口而已。而井水顺着这小口流出，倒成了一景。

另一种说法是：淳安当地的学者江涌贵近年来在《济阳郡西川江氏宗谱》中发现，该宗谱记载，这个铁井圈为南宋时邑人江河清卖地买铁所铸。时间大约是在南宋绍兴年间，该宗谱的时间比《乾隆淳安县志》记载的政和七年僧人用斋造铁井圈要晚二十多年。

据记载，江河清的曾祖父是熙宁六年（1073）进士江公望，中进士后任洛阳县尉。于建中靖国元年（1101）拜左司谏。江公望当了谏官之后，对喜欢书画，在皇家园囿里豢养了很多奇珍异兽的风流皇帝宋徽宗一点也不客气，他上书力谏，劝徽宗应以天下百姓为重，不要玩物丧志。宋徽宗虽然万分不舍，但谏官的谏言却不好不听，随即将动物全都放回山林。只是他养的一只白鹇，因相处的时间很久，白鹇对主人产生了依恋之情，久久不愿离去。宋徽宗这次是下了狠心，用拄杖将白鹇赶走了。为了警醒自己，宋徽宗还把江公望的名字刻在这根拄杖的杖头上，借此以表彰江公望的忠心直言。江公望后来上疏弹劾奸相蔡京，被贬安南军。后遇赦返回家乡，不久，病卒于家。江公望著有《江司谏奏稿》和《江司谏文集》。在南渡之后，南宋绍兴六年（1136），江公望之孙江汝恭迁到了淳安城西后又迁至青溪百照（今金峰乡百照村）。江汝恭有河清、河深两个儿子。江河清长得相貌堂堂，而且急公好义，乡里人的纠纷，往往他一出面调解，是非曲直，一下就能分清，而且让人口服心服。南宋绍兴十七年（1147），为了祈祷风调雨顺，他作为发起人，

淳安铁井

带领邑人修建了百照庵，后改为西峰庵。

　　江河清见多次发生跌井悲剧，就想如何避免这种情况，在很多地方，都是通过缩小井口的方法。但江河清经过多次观察，发现西井主要是井口过宽，却没有这么大的井圈可以将井口围绕起来，井口与地面基本是在一个平面，一旦井台湿滑，或者不小心，就很容易跌下井去。现在我们推测，江河清想到用铁来铸造井圈的主意，是因为铁井圈坚固耐用，高出井台，人在旁边活动就不容易滑跌下去。江河清说干就干，去找当地的铁匠询问，才知道铁在北宋时一般为二十五到三十文一斤，到了南宋，铁价更是贵得惊人。在当时的淳安县城，要找围绕三尺多井口的大铁块，谈何容易？江河清和家人商议，做出了卖地买铁的决定。卖地之后，江河清请来工匠，把高价买来的铁铸成了一个铁井圈，刚好将井口围住，自此之后，铁井就再没有跌进过人了。

　　两种说法都有其出处，历史的真相往往扑朔迷离，但铁井圈却真实地在那里，就像一块镌刻着邑人善念的丰碑。在《乾隆淳安县志》里还记载了明人徐楚的一首《铁井》诗："古井何年凿，芳香玉藻同。范围成物象，陶铸自天工。素绠千家汲，清流百尺通。光涵山月冷，明镜入奁中。"

淳安铁井小档案

淳安铁井原位于杭州淳安县旧县城城西。1958年冬天，随着新安江水库的建设，淳安旧县城被淹于水下，县城迁排岭后，铁井圈也移至排岭镇施家塘边新掘井上。现为淳安县重点文物保护单位。

参考文献

《乾隆淳安县志》，杭州数字方志馆。

邵介安、李静：《邵瑞彭撰文三赞故乡》，《今日千岛湖》2016年7月7日。

江涌贵：《淳安"铁井"系江河清建造》，《今日千岛湖》2019年3月30日。

女诗人在这口井旁吟风弄月
——朱淑真故里井

南宋高宗绍兴初年的一个春天,天空乌云密布,一场春雨就要来临。杭州御街南的一座朱姓人家的大宅院里,一个中年女人正站在院内的一口老井面前。这口老井的井圈外面,点缀着绿色的青苔,仿佛沧桑的岁月在轻轻诉说,井圈里有不少井绳勒出的浅槽,像道道伤痕,令人伤感。女人抚摸着这些痕迹,井水平静,映出她苍白、憔悴的容颜。"露井夭桃吐绛英,春衣初试薄罗轻",院中的几株桃花,掉落的花瓣,飞进井里,也落在她的头发和纱裙上。不远处中河边柳树上的黄莺,清脆地叫着。这恰恰的莺声,把她带到了三十年前……

迟迟春日弄轻柔,花径暗香流。清明过了,不堪回首,云锁朱楼。 午窗睡起莺声巧,何处唤春愁?绿杨影里,海棠亭畔,红杏梢头。(朱淑真《眼儿媚》)

那时的朱淑真还是个少女,天真烂漫的花季年龄。那时的杭州,还不叫临安府,皇帝也还没有来到这里建都,城里也不像现在这样的车水马龙,繁华热闹。朱淑真的少女岁月是无忧无虑的,如果说是有什么忧愁,也大约是"为赋新词强说愁"而已。平时在门口的街上,被女佣带着买点春饼、澄沙团子、四色馒头、戈家蜜枣儿,或者是去钱塘门外吃碗鱼羹,更小的时候,还有专门的小孩子戏剧糖果,如打娇惜、虾须、糖宜娘,[①]等等。那时,朱淑真家算是杭州城南较为有名的大户,家里不但有东园,还有西园,亭台楼阁,小桥流水,加上众多的奇花异卉,小朱淑真像一只自由的蝴蝶,快乐成长。春天,在西楼午睡的她被黄莺的叫声惊醒,但还躺在床上,不想起床,阳光把院里杨树的身影映在绮窗上,摇曳生姿。还是起床走走吧,院里红杏枝头,朵朵杏花开放,就像一张张娇艳的小脸;海棠花盛开的亭子旁,就是那口古井,古井无波,让人沉静。侍女从井里汲水泡茶,香喷喷的茶汁,让人神清气爽。到了夏天,把李子和西瓜用篮子放进井里,过一阵再拿出来吃,李子和西瓜好像带着古井的寒气,更加祛暑解渴。

朱淑真幼时十分聪敏,喜欢看书,父亲非常喜欢朱淑真,准许她学习诗词歌赋,闲时带着她出去游玩。有一次正月初六,父亲带着小淑真去街上,杭州过年的气氛,满街的各式各样的花灯,热闹的街景,让这位花季少女十分兴奋,写下了"闹蛾雪柳添妆束,烛龙火树争驰逐。争驰逐,元宵三五,不如初六"的诗句。

门前的杨柳绿了又黄,黄了又绿,少女朱淑真情窦初开,开始憧憬自己未来的爱情。在她的心中,未来的"萧郎",一定是一位相貌英俊,而且文采风流的才子,只有这样的可人儿,才配得上自己的容貌和才情。她的一首诗这样写道:

> 初合双鬟学画眉,未知心事属他谁。
> 待将满抱中秋月,分付萧郎万首诗。

她还记得,一年春天,一个"独倚阑干昼日长,纷纷蜂蝶斗轻狂"的日子,家里来了一拨人,还带着两只

[①] 这类南宋饮食名称均出自宋耐得翁《都城纪胜》。

大雁作为礼物。朱淑真知道，这是有人来行纳彩礼。自己的哥哥已经结亲，这次的纳彩礼肯定是为她自己而来。朱淑真顿时羞得满脸通红，躲进了闺房。虽然无数次想象过自己梦中的"萧郎"，但真到了现实中的谈婚论嫁，她还是非常慌张。

一切都是天意。那个时代，女孩子的婚姻哪轮得到自己做主呢？从父母的嘴里，朱淑真大致知道了男方的一些情况：家庭殷实，却没有从科举出身，只是个州县的吏员，但一表人才。父母还说，虽然对方不是大富大贵之家，但你嫁过去也不会亏了你的。朱淑真忐忑的心，直到热热闹闹的婚礼之后，才安定下来。

夫君长相虽不是自己心目中的萧郎一般俊美，但也是相貌端正；虽不是"霸道总裁"般可以让她全身心依靠，但也算精明干练。朱淑真把一片对梦中"萧郎"的暖意，都牵挂于丈夫的身上。丈夫不太上进，总有点庸庸碌碌的感觉，而且经常调任，宦游不定，朱淑真曾随他到淮南，还远涉潇湘，陪伴着丈夫，希望他好好奋斗一番，出人头地。"美璞莫辞雕作器，涓流终见积成渊"，她希望丈夫就是一块璞玉，只要有良工加以雕琢，一定会成才。她也希望丈夫的学问能够像涓涓细流，只要不断积累，就会成为深渊那样深不可测。"鸿鹄羽仪当养就，飞腾早晚看冲天"，她甚至幻想着丈夫有朝一日能够飞腾九霄。新婚燕尔，一切都还新鲜，两人也度过了一段美好的时光。一次，她的丈夫收到她写来的信，一张纸上画着好多个圈圈，丈夫左看右看，不解其意，后来在随信寄来的一册书中，发现了一首《圈儿词》——"相思欲寄无从寄，画个圈儿替。话在圈儿外，心在圈儿里。单圈儿是我，双圈儿是你。你心中有我，我心中有你。　月缺了会圆，月圆了会缺。整圆儿是团圆，半圈儿是别离。我密密加圈，你须密密知我意。还有数不尽的相思情，我一路圈儿圈到底。"这样密集的相思之意,丈夫也深受感动,次日一早赶紧雇船返回家里,和朱淑真相聚。

朱淑真的诗词里,这些率真的表达,可能给丈夫施加了巨大的心理压力,也可能她的丈夫,本身就不适合仕进,那些鼓励,使其逐渐产生了抵触情绪。时间一长,这些女人的"小性儿",被丈夫当作腻歪与"作",再也提不起新鲜感。加上两人之间没有孩子,就缺少了一份更深的联系。丈夫不时出入青楼,最后还纳妾,竟在酒醉之后打骂朱淑真,使得朱淑真内心完全崩溃。"鸥鹭鸳鸯作一池,须知羽翼不相宜。东君不与花为主,何似休生连理枝。"(《愁怀》)丈夫的纳妾与狎妓,让朱淑真非常失望,为了逃脱这个"池子",她与丈夫开始了长期的分居。她常常独处房中,给自己取的号叫"幽栖居士",诗作中不再有少女时代那种浪漫和憧憬,代之的是孤独的愁绪——"莺莺燕燕休相笑,试与单栖各自知"(《恨春五首》(其二))。

正当朱淑真在家里满怀惆怅之际,有一人向她发出了邀请。原来,宰相曾布的夫人魏玩,也是一个喜欢吟风弄月的女子,与当时的李清照齐名。朱淑真的作品虽没有刊刻过,但在民间广为流传。魏夫人听说还有个女子有这么好的才情,立时有了惺惺相惜之感。魏夫人的丈夫曾布官居宰相,却多次被贬谪外放,宦游无定,魏夫人自己也常常在诗词中感叹自己的孤独。曾布去世之后,魏夫人也渐渐老去,更是感到寂寞,便常邀官宦之家的妇女宴饮。听到朱淑真的名气后,魏夫人就邀请朱淑真北上,到汴京相会。为了试探朱淑真的才学,魏夫人在招待朱淑真的筵席上,命令一个小丫鬟跳舞,曲终后,让朱淑真以"飞雪满群山"为韵作五首绝句。这当然难不倒朱淑真,一会儿工夫,五首诗成。魏夫人看后,十分赞赏,于是把朱淑真当作很好的诗友,不但给她的生活提供方便，还经常一起游玩。上层社会的游宴之风非常兴盛，朱淑真在众多的贵妇人中，也有了自己的社交圈子。

都城汴京的繁华，贵妇之间的欢会，让朱淑真十分放松，在这里，她认识了一位心上人。虽然那个时代男女之间自由交往有很大的阻碍，尤其像朱淑真这样只是和丈夫分居的女子，要承担着巨大的压力，但她还是不顾一切地和对方相爱了。一个夏日的清晨，她与情人来到汴京附近的湖畔，湖里的荷花正开，满湖翠衣红颜，荷露清圆，湖面升起的雾气，给人缥缈之感。两人手牵手，漫步在湖边，谈着自己喜欢的诗文。这时正是黄梅时节，突然，天上下了一阵细雨，打湿了两人的衣衫，他们赶紧找了棵大树，在下面避雨。耳鬓厮磨间，朱淑真大胆地撒娇，倒在情人怀里，紧紧相拥，仿佛两颗心靠得很近——"娇痴不怕人猜，和衣睡倒人怀"[1]（《清平乐·夏日游湖》）。这是多么浪漫、旖旎的场景啊！但是总有分别的时候，两人依依不舍，朱淑真回到寓所，慵懒地靠着梳妆台，看着铜镜中自己的酡颜，浮想联翩。

"新欢入手愁忙里，旧事惊心忆梦中……赏灯那得工夫醉，未必明年此会同。"（《元夜》）已婚的朱淑真与情人的欢聚是离经叛道的，她自己也能感受到这段感情的短暂。所以倍加珍惜，抓住每一个在一起的日子，享受两厢厮守的时光。

几年时间很快过去，战争的到来，使得两人劳燕分飞。金兵攻破汴京之前，朱淑真就已随着逃难的人群往故乡杭州逃去了。她的心上人因种种原因没有和她在一起。朱淑真回到了杭州的家，见到了父母，见到了院中熟悉的老井、亭台，一切都那么熟悉，但一切又都那么陌生。这时的朱淑真已经将近半百，父母已到古稀之年，父母和哥嫂见到

[1] 亦有其他版本为"娇痴不怕人猜，随群暂遣愁怀"。

她都没有好脸色。因为她在汴京的行止,被人传到杭州,各种添油加醋,使得她成为传说中桑间濮上的淫奔女子,把娘家的脸都丢尽了。朱淑真一下就陷入了孤独与失落的境地:"独行独坐,独唱独酬还独卧。伫立伤神,无奈轻寒著摸人。　　此情谁见,泪洗残妆无一半。愁病相仍,剔尽寒灯梦不成。"(《减字木兰花·春怨》)

春天来的时候,她再也不会像以前那样在西湖边徜徉,只是倚在古井边看着片片桃花飘落,古井若有灵,应当记录着这位女诗人吟哦的每一句断肠诗句。她也曾想把自己的诗词编辑成集,但随着年华老去,身体不是愁中即病中,已经不能支撑。到后来,她连最喜欢的杭州春景也怕见到了。一到春天,她就把房内的帘子全都放下,自己待在黑咕隆咚的屋里,别人问她,她只是说,我不忍心见到春光啊!她的身体日渐消瘦,"似蔑身材无事瘦,如丝肚肠怎禁愁。鸣窗更听芭蕉雨,一叶中藏万斛愁"。这样的状况持续了几年,抑郁的巨大痛苦让朱淑真渐渐承受不了,最后在绍兴初年的一个秋天来临的时候,悒悒抱恨而终。

朱淑真故里井

朱淑真逝世后，她的父母竟将她的诗稿付之一炬，可见其父母对她的偏见有多深。到了淳熙九年（1182）二月，宛陵（今安徽宣城）人魏仲恭（字端礼）多方搜集朱淑真散在民间的遗作，辑录成一套《断肠集》，后由郑元佐作注。另外，朱淑真还有一卷《断肠词》，在明代洪武年间（1368—1398）就有抄本。有了这些辑录，后人才有机会一睹这位才女非凡的才华。清代的陈廷焯将朱淑真和李清照、魏玩做了个比较，认为"宋妇人能诗词者不少，易安为冠，次则朱淑真，次则魏夫人也"。

朱淑真墓位于杭州青芝坞。但按照魏仲恭在《断肠集》序中所言，当时并没有朱淑真的墓。可能是后人景仰这位才女，才在青芝坞造了墓，让人们千秋凭吊，至于墓里是否真有朱淑真的遗骨，已经不重要了。而在杭州保康巷的朱淑真故里，还遗留了一口老井，相传这就是朱淑真家的井，以前这位女诗人曾饮用此井中的水，曾在井边作诗，看花开花落……走进保康巷，耳畔仿佛还能听到女诗人凄婉的吟哦。

保康巷朱淑真故里井小档案

保康巷位于杭州中山中路与开元路交界处，该古井在14号墙门内，相传为宋代女诗人朱淑真家里的井。

参考文献

〔宋〕朱淑真著,郑元佐注:《朱淑真集注》,浙江古籍出版社,1985年。

吸引了两个皇帝驻跸的地方有什么奇井？

——龙居寺珍珠井

皋亭山位于杭州城东北部，由多个山峰组成，自西往东依次为半山、黄鹤山、元宝山、皋亭山、桐扣山、佛日山等，其中皋亭山为最高峰，海拔361.1米，诸峰统称为皋亭山。唐代白居易在任杭州刺史时曾写下《祝皋亭神文》。唐末钱镠任杭州刺史，设城堡于皋亭山，北宋初《太平寰宇记》："皋亭山在县东北二十五里，山上有石城，周十里。"在皋亭山北面，黄鹤山南麓，有一座千年古刹——龙居寺，它始建于后唐清泰二年（935），是吴越王修建的，原名"涌泉院"，是指这个山湾里有一股泉水。后来泉上建了口井，叫珍珠井，这口井的名字还和一位皇帝有关呢。

这皋亭山虽然不高，却是杭州北面的屏障，南宋朝廷在皋亭山麓建班荆馆，作为"国宾馆"，用来接待北方使臣。当年，宋高宗南渡的时候，人困马乏，随员们就请他在山上的一座庙里住宿，当夜月白风清，宋高宗睡得非常踏实，于是就又在这里住了一段时间。每天，山里的鸟声悠扬，山风飒爽，让他仓皇的心渐渐平复下来。一天傍晚，高宗闲来无事，就慢慢在庙里踱步，晚风一吹,山上的松涛阵阵,晚归的鸟儿叽叽喳喳找寻着自己的小巢。宋高宗突然有点悲从中来,想到大宋锦绣江山,被金兵变成了腥膻之地,自己的父兄、妻室以及众多皇族被掳到北边,受尽折磨,自己还不如这些小鸟——它们还有个归处。想着想着,眼泪不知不觉就流了出来。听着松涛声,他就想走出庙门看看山景,一位内侍忙拦住他说:"皇上,这山上草深林茂,怕有歹人或野兽啊!"高宗哼了一声,说,"朕被金兵追杀,那种日子都挨过来了,还怕什么小蟊贼?",执意往外走。内侍见没办法阻拦,只好招呼禁军做好警戒。

高宗走出庙来,晚霞像金子般明亮,照在脸上,像涂了一层金粉,纵目云山辽远,平畴千里,心情一下就好了许多。走到一个殿前,高宗见有一口井,井圈古朴,像是口古井,便走过去查看,只见井内水位很高,十分清澈,才靠近,就能感受到一股凉意。寺院的住持匆匆赶来,准备向高宗介绍。这时,高宗看见,井里的水忽然冒出很多大大小小的水泡,就像一粒粒珍珠,咕噜噜地直往上冒。高宗心里高兴,就说:"这井水如珍珠满斛,十分可爱,真是口珍珠井。"住持忙合掌道:"谢皇上赐名。"又介绍说:"只要有人走近,脚步震动,这口井的水就会冒出珍珠似的气泡来。用这口井的水泡出的茶,味道特别清香。近日皇上所用的茶水,均是取自此井。"高宗点头道:"难怪这些日子觉得茶好喝,原来是此井之功啊!"

在杭州的迎驾事宜准备完成之后,宋高宗才告别皋亭山,进入杭州城里,并以此作为都城,形成南宋与金国南北对峙的局面。建炎年间,高宗感念曾在此寺小住,下诏重建,并赐名为永庆寺,因为有了"真龙天子"居住的荣耀,也被称为龙居寺,这口珍珠井也被格外认真地保护起来。

元初，龙居寺被毁，直到明万历年间，当地人郎珮、郑鹤买下这里的地，修建了五间禅堂，如艮等十位僧人共同重建寺庙，寺名龙居庵，又称永庆禅院。由于一建再建，后来的规模越来越大，"与灵隐寺相形无几，为禅宗十方丛林"。寺内有明天启年间的礼部尚书朱国祯所写诗三首，另有清顺治时期礼部侍郎钱谦益所撰碑记。后来龙居寺的珍珠井被淤泥湮埋，一直到改革开放后，才重新找到井址，恢复了古井的原貌。

南宋德祐二年（1276），率领元军主力攻打南宋的主帅是元朝宰相伯颜，他并不马上攻打杭州城，而是驻军皋亭山，对南宋军民形成巨大的心理压力。当时的元军前锋距离杭州的北门仅仅三十里，对于拥有强大骑兵的元军来说，很快就能抵达。皋亭山山势不高，又有珍珠泉这样优质的泉水，还有庙宇可以安身，以逸待劳。当时小皇帝恭帝赵㬎才五岁，朝政是谢道清太后执掌，她派临安知府贾余庆以恭帝名义奉传国玺及降表，到皋亭山向伯颜请降。但伯颜仍不满意，要求南宋派宰相来面议投降事宜。可是陈宜中等两个丞相都逃跑了，谢太后只好任命文天祥到皋亭山与伯颜议和。

德祐二年（1276）正月二十，南宋朝廷任命文天祥为右丞相兼枢密使，但是文天祥拒绝了，他以端明殿学士的身份，代表南宋到皋亭山元营，见到了元朝宰相伯颜，经过一番大义凛然的议论，留下了"皋亭抗论"的事迹。他大义凛然地说："吾南朝状元宰相，所欠一死报国耳。宋存与存，宋亡与亡，刀锯在前，鼎镬在后，非所惧也。何怖我为？"面对文天祥的正气，伯颜这位统帅千军万马，杀人无数的宰相，竟"为之辞屈而不敢怒"。而在座的元军将领们见惯了南宋投降的将军，如今看到这样一位忠臣义士，也不由自主地赞道："真丈夫也！"

可惜，以文天祥的一己之力，无法阻挡元廷的贪念。加上叛将贰臣们的构陷，伯颜将文天祥扣留在军中。二月初五，临安宋皇室就献城投降，皇室宗族的两千多人都被押往北方。过了几天，文天祥在被元军押送前往北方的途中逃走，"北至镇江。天祥夜亡入真州，辗转至高邮，泛海至温州"，参加了抗元的战斗，在此过程中，留下了《过零丁洋》"人生自古谁无死，留取丹心照汗青"的千古诗篇。文天祥在皋亭山的"皋亭抗论"，也为杭州的文化史，留下了壮烈的一章。

到了清代，皋亭山龙居寺又迎来了一位"真龙天子"，乾隆皇帝六次下江南，就曾驻跸龙居寺里，这口珍珠井，又用它香甜的井水，让这位皇帝流连忘返。吴关荣的《珍珠泉井的美丽传说》中还讲述了一对打樵夫妇救小蛇的故事。原来小蛇是龙宫小太子，为了报恩，打通了地底水脉，引来清泉。这样的传说，让这口井更具传奇色彩。

如今的皋亭山，每到春天，优美的风景，粉红的桃林，吸引了无数游客前往。在龙居寺的晨钟暮鼓声中，珍珠井沉默无言，然而，它一定记得，几百年前，曾有一位英雄豪杰，在此发出的黄钟大吕般的忠义之声。

龙居寺珍珠井小档案

龙居寺的古珍珠井位于杭州市江干区皋亭山龙居寺旧址，井圈呈六角形，其上刻着"古珍珠泉"四字。

参考文献

〔宋〕文天祥著，吴海发校注：《指南录》，黑龙江人民出版社，1993年。

龚玉和：《文天祥的"皋亭抗辩"》，《浙江工人日报》2017年7月1日。

释光泉：《杭州龙居寺的历史》，《中国民族报》2019年7月2日。

仙人、皇帝、宰相和这三口井都扯上了关系

——西溪三井

南宋绍兴二十七年（1157）四月，临安春深。西湖的柳树也已经成荫，黄莺鸟从这棵树飞到那棵树，欢快地鸣叫，古人称之为"莺梭"，确实是很贴切的。中午时分，宋高宗赵构已经下了朝，春阳煦暖，惠风和畅，令这位皇帝心情大好。他仰着头听着树上黄莺儿婉转的叫声，脸上绽出了笑容。

自从南渡以来，宋高宗还少有这样的舒心时刻。就拿建炎三年（1129）发生的"苗刘兵变"来说，他连皇帝位子都丢掉了，被迫传位给了年仅三岁的皇太子赵旉，后来虽然张浚、刘光世、韩世忠等人率领的勤王军队，打败了苗傅、刘正彦的叛军，让他重新夺回了皇位，但多年来，对战争和兵变的恐惧，常让他半夜惊醒。长期在"亚健康"状态，如何开心得起来？今天是个例外。这年二月，他更定了福建路的盐法，这样做虽然使官府少了一定的收入，但从业者压力减轻，产量反而大增。这也算他实行的仁政之一。另外，在三月的春闱中，一位名叫王十朋的人在殿试中脱颖而出，以一篇劝高宗"揽福威之权"，以真宗、仁宗等为榜样，任用贤臣以致中兴的《廷试对策卷》赢得了高宗的青睐，将他钦点为进士第一名状元。虽从字里行间也看得出这位王状元的刚

直气,但人才难得,这样的干才还是很合高宗为国抡才的初衷的。但他心里一直有件事情还放心不下,那就是洞霄宫的重建,不知现在进展如何了。

旁边的内侍见皇帝今天这么高兴,就劝他沿途多看看美景,高宗同意了。闲庭信步间,来到寝宫外的一个鱼池旁。鱼池并不大,水面倒映着蓝天白云,水面还残留了一些上年的荷叶断梗、干枯的莲蓬。这个鱼池是高宗南渡之后,修建宫殿时,专门建造的,里面放养了不少金鱼。宋高宗在鱼池边上停下,这时,突然水面蹿起一道金光,一条非常漂亮的金色鲫鱼从水里跳出来,金光划了一道弧线,重新落在水面,发出扑啦啦的声响,水面上起了个大大的涟漪。内侍不失时机拍马道:"皇上,这金鲫鱼一见您就跳起来,真是吉兆啊!"高宗一看,高兴地对内侍说:"这金鲫鱼很漂亮,这是从西溪那边送进宫的吗?"内侍答道:"禀皇上,以前的金鲫鱼都没了,就让西溪那边又送过来。听说今年他们那口金鱼井里又培育出了新的花色呢。"高宗说:"上次去洞霄宫进香,已经过去二十五年了,当年路旁那口金鱼井里的鱼真是不错啊!让他们今年再送些进宫来吧。"内侍忙答应遵旨。宋高宗当年本想以西溪作为皇宫所在地,后来寻到凤凰山之后,就说了句"西溪且留下"。此后,西溪就有了一个"留下"的美名。

这洞霄宫位于天目山脉东支大涤山麓,距临安约七十里,又称大涤洞天、天柱观。因林壑深秀,名胜古迹甚多,被道教列为三十六小洞天之一,与北京的白云观、山西芮城的永乐宫、四川成都的青羊宫等齐名。五代时高道杜光庭编纂的《洞天福地岳渎名山记》称:"大涤玄盖洞天,一百里,在杭州余杭县天柱观。"洞霄宫在方腊起事时,毁于兵火。绍兴二十五年(1155),宋高宗以皇太后之命出内帑重建,昊天殿、钟楼、经书阁、

"方井桃源"照壁

玉皇阁、演教堂、东西宫、逃生洞等宫宇都在重新修建之列。

绍兴元年（1131），宋高宗路过西溪时，看到路旁的一口井里有很多好看的金鱼，便停下仪仗，专门到这口井边观赏。看到一尾尾或金色或红色，还有黑白相间各种形状的金鱼，宋高宗不由得感慨，便问这样的金鱼是如何培育的。官员们忙去找来这口金鱼井的主人——一个五十多岁的男子。他做这"鱼儿活"已经很多年了，见了皇帝，忙跪下说："皇上，这养金鱼是我祖上传下来的，据说最初是从六和塔下的山沟里找到的金鲫鱼，经过这老金鱼井水培育，一代一代传下来，就繁衍了多种形色的金鱼了。"旁边的一位官员说："启禀皇上，当年苏学士还做过'我识南屏金鲫鱼，重来拊槛散斋余'的诗呢。"高宗道："朕想起来了，是有这首诗。"

于是问那男子，平时如何喂养。"为了它们长得好，我们每天都要喂它们吃这种虮虾儿（红虫，摇蚊的幼虫）

呢。"男子说着把旁边装着虮虾儿的小桶拿起来,给高宗看。高宗见一坨红色的虫子纠结在一起,感觉有点恶心。这时旁边的内侍一把将小桶打翻在地,嘴里说道:"什么东西?这脏乎乎的,竟敢拿给皇上看,你不想活了?"那人吓得全身打颤,不敢吭声。还是高宗大度地说道:"不用害怕,你们养金鱼很是辛苦,也不容易,以后宫里也买上一些。"养鱼的男子听到自己的金鱼成了皇家贡品,这对自家的金鱼身价是天大的好事啊!他连连磕头说:"谢皇上隆恩,我明天就送去宫里。"高宗还特意叮嘱专门送几条南屏金鲫鱼来。真是"王言如丝,其出如纶",过了几天,皇宫里就有了不少金鲫鱼和各种形色的金鱼。

　　鱼池里的金鲫鱼飞身跃出水面,把宋高宗的往事也给勾了出来。他不由感慨时光飞逝,于是就让内侍把将作监的负责人找来。过了不久,那官员急匆匆赶来,高宗就问他洞霄宫重修的进度,那官员赶忙回答,就是最近一两年能够竣工。高宗口里嘉奖一番,又要求加快进度,竣工之后,他还要亲临洞霄宫的。没想到这一等待又过了好些年,直到乾道二年(1166),洞霄宫的重建才全部完成。这时的高宗赵构,已经变成了太上皇,这次是宋孝宗率后宫妃嫔,与朝廷大臣一起,陪同太上皇与太上皇后到洞霄宫的,一路上的仪仗浩浩荡荡,让山野的百姓见识了皇家的气派。他们在洞霄宫住了几天,感受了山里清净的日子。孝宗还御书"自有天地"匾额。此后,太上皇赵构还专程来过洞霄宫数次。为出行方便,他派人在沿山河边修建了一条宽达五马并行、长近四十里,直达洞霄宫的辇道,供自己和文武百官出行,如今这条青石板路还存在于杭州西溪路的柏油之下。后世南宋帝王往往把洞霄宫当成避暑的行宫,常来此处,宋理宗曾为之御书"洞天福地"。

　　从临安往洞霄宫辇道旁的西溪金鱼井,只是南宋当年饲养金鱼的其中一个地方。但是，它见证了杭州作为金鱼故乡的悠久历史。实际上早在晋代任昉的《述异记》中，就有了庐山下的湖中有"赤鳞鱼"的记载。在唐代，金色鱼往往作为贵族们私家饲养的观赏鱼，有些被当成有灵性的动物用来放生。宋初，嘉兴的吴越国刺史丁延赞将发现的金鲫鱼放在单独的池中进行喂养，他把这个池子叫作金鱼池。在高宗的影响下，朝廷大臣们也纷纷建造鱼池，喂养金鱼。由于市场需求量加大，杭州出现了一批专门养鱼的"鱼儿活"。后来，为了加快培育新的金鱼品种，又开始了盆养。清代晚期，才有了人工选种养殖金鱼。南宋理宗嘉熙二年（1238）进士戴埴所著的《鼠璞》中写道：东坡读苏舜钦《六和塔》诗"沿桥待金鲫，竟日独迟留"，觉得很奇怪，世间难道真有金色的鲫鱼？后来他到杭州做通判，才知道六和塔下寺院后的池中真的有这种金鲫鱼。这也是关于杭州金鱼最早的记载。后来苏东坡也写下了那首著名的"我识南屏金鲫鱼"的诗。岳飞的孙子岳珂所撰的《桯史》记载："都中有豢鱼者，能变鱼以金色，鲫为上，鲤次之，贵族多凿石为池养之，食以小红虫。初白如银，次渐黄，久而

金鱼井

金矣。又别有雪质而墨章、的鳞若漆曰玳瑁者，尤可观。"经过数百年的培养，杭州的金鱼品种层出不穷。杭州动物园养的金鱼，在世界上都很有名，一年就要培育出十来个新品种，如彩色蛋凤、龙背灯泡眼、凤尾珍珠、翻鳃、狮子头、玛瑙眼、虎头龙背、虎头龙睛、玉印头等等。

西溪除了这口金鱼井之外，还有两口井，一口叫大方井，另一口叫小方井。这口大方井位于桃源岭脚下，据说和仙人王方平有关。《神仙传》里记载，东汉时期的王方平是东海人，曾经被推荐为孝廉当了郎中，精通天文和图谶学说。汉桓帝有一次问他国家的吉凶祸福，他在宫门上写下了几百字，这些字墨迹清晰，非常显眼，因为文字里面有的地方让皇帝不高兴，于是就命人把字刮掉，没想到字迹深入木纹，哪里能够刮得掉？后来，王方平为修道专门到了蜀地，在丰都得道成仙。

某一年，已经是仙人的王方平云游路过杭州，在西溪见到一口井里的水清澈可喜，于是就停下神足，用路边的树叶做勺，喝了一口水。这口井沾了仙气，在凡人

王家坞小方井

的心目中就变得神圣起来了。不过据《太平广记》称，王方平成仙之后，出行是"乘羽车，驾五龙"，这么大的排场，要停下来喝凡间的水，看来这水确实有吸引他的秘密了。清人丁立中还写了首《方井怀王方平》的诗来感慨王方平与方井的关系：

> 青山不改话秦亭，古井文阑石纪铭。
> 应与葛翁来汲饮，也同橘叟永扬灵。
> 就沽白酒怀仙姥，曾掷丹砂降蔡经。
> 寂寞洞庭人去后，何如旧迹访西泠。

神仙之说本属荒诞，不足为信，只不过这样的传说更增加故事的魅力，相信读者能够以科学的态度加以辨别。

据《西溪梵隐志》卷二《序》中称，方井的水源来自桃源岭的另一条水脉，井口宽六尺，深度达到一丈。方井真正的用途应该是作为南宋时拱卫都城军队的饮用水源，这样丰沛的水源足够一个庞大的军队用水之需了。

小方井位于西溪路的王家坞口，又名古渊泉。因这口井的名字和唐代宰相李泌开六井时的小方井一样，所以历代都以讹传讹，认为这口西溪的小方井也是李泌开凿。如清代诗人符曾（1688—1760），在他描写西溪小方井的诗序中就认为：这是李泌特别开凿的小方井，这口井的水味非常甘甜，像玉一样晶莹，就算周围十里的村镇改变了模样，这口井还是千年前的样子。井水清澈见底，就像佛家所说的具有澄净、清冷、甘美、轻软、润泽、安和、除饥渴、长养诸根这八种殊胜特质的水。

有这样美好的水，周边的居民真是享福啊！过去，小方井上还有井亭，井亭上有北宋书法家米芾的题额，还有碑刻记载李泌开凿六井的功劳。看来真正造福一方的清官，老百姓都会以自己的方式牢牢记住他的。

西溪三井小档案

金鱼井、大方井、小方井合称为"西溪三井"。金鱼井位于西湖区金鱼井社区，大方井位于西溪路正大青春宝有限公司东面，小方井位于西溪路王家坞口，在大方井之西。

参考文献

杭州市人民政府城市管理办公室、政协杭州市上城区委员会编著：《杭州的井》，中国美术学院出版社，2010年。

得道高僧带他找到"酒泉"
——金泉井

"入港绿潮深蘸岸,披云白塔远招人",这是南宋大诗人陆游的《萧山》诗中的一句,里面提到的白塔,实际上是指当时净土寺后的白塔。这座白塔高高耸立在净土山上,成为当地的著名景点,也是萧山的地标。那时,行善者常募油钱在塔上点灯至拂晓,"江海道途之人,望以为号"。正如巴金所说,"几盏灯甚或一盏灯的微光固然不能照彻黑暗,可是它也会给寒夜里一些不眠的人带来一点勇气,一点温暖"。

在净土山的山麓,有一座净土寺,可能山名就是因此而来的。这里曾是善明寺,北宋开宝五年(972),在善明寺的遗址上建寺,名弥陀寺,供奉阿弥陀佛。北宋太平兴国七年(982)改称净土寺。明永乐元年(1403)寺院毁废。明天启年间,有位叫蔡三乐的富人在捐建湘湖湫口闸的时候,重新修建净土寺,有殿宇六楹,并招募僧人管理寺院兼司湫口闸启闭。后寺院毁,至清光绪初年又重建,有山门、大殿各三楹。现在已经不存。但是,山下的金泉井,却流传着一个故事。

净土寺在南宋时期香火很旺盛,绍兴年间,主持净土寺的是一位得道高僧。秋高气爽的时节,净土寺周围的树木呈现出美丽的金色、红色，从山上望去，层林尽染，湘湖一碧万顷，空中南飞的大雁，声声长鸣，更显得天空苍阔辽远，秋色迷人。这天，净土寺来了一个中年人，他带着一个伙计，背着很多香蜡，很虔诚地从天王殿跪拜到大雄宝殿，然后跟知客僧说，自己姓项，要在寺里住上几天，并捐一笔香油钱，还要亲自到白塔上去点灯。知客僧禀明了方丈，同意他的请求。这位项先生就住下来，每天除了跪拜佛菩萨之外，还喜欢四处走走。过了些天，方丈见他还没有走的意思，感觉他遇到了什么问题。一问，这位项先生才说，家里是做酒生意的，他自己本来是个读书人，但一直缺乏考运，屡试不第。父母就让他去从商，自己一介书生，哪里懂得商海险恶，本钱都被骗了，正是进退两难之时。一天，他赶到萧山，中途耽搁了时间，重新赶路时，天色已晚，山路上只有自己一个人。山风一吹，松涛阵阵，伴着夜枭的鸣叫，十分瘆人。这时，他抬头一看，就看见远处净土山上白塔里的灯光，温暖而明亮，项先生心里一酸，眼泪流了下来。在最孤寂的夜晚，原来这盏灯能给予他这么大的力量，他当即发愿，自己挣到钱之后，一定到净土寺来还愿。

在萧山安定下来之后，项先生就选择了家传的卖酒生意，自己开了个小作坊，没想到，此后他的生意越做越顺，挣了不少钱。但是他知道，自己的酒的味道比起家传的酒要差很多，原因是没有很好的水源，他为此很是发愁。秋天来到之时，项先生想起以前的心愿，这才动身到净土寺来还愿。

方丈听他讲了故事，口宣佛号："阿弥陀佛。施主得见宝塔之灯，如佛光照身，福慧充满啊！"项先生连忙还礼。当天傍晚，他如愿上了白塔，诚心诚意地将塔顶的灯点亮，并期望所有像他那样在夜里无助的人，看到白塔和灯光，都能得到安慰和鼓舞。

项先生告辞下山。方丈却说："施主与本寺有缘，也与老衲有缘，老衲陪你下山，顺便带你看看净土山风景。"项先生没想到得道高僧能和自己一路同行，而且还充当"导游"，忙双手合十道："小可几时修得如此之福啊，那有劳方丈大师了。"走在山道上，两人都被山间的美景吸引，缓缓而行。项先生的伙计与方丈带的小沙弥走在后面。

看了山景，一行四人往山下走，项先生一直请方丈大师返回，方丈却笑而不语。不一会就到了山下，这里原来是徐氏的园林，后来废弃了，草木蓊蓊郁郁，在秋天仍不见衰败之色。在石崖那里有一株大樟树，更是绿盖如云。樟树下有一个石穴，看上去比较幽深。方丈大师在此停下脚步，对项先生说："先生请看这里。"项先生仔细一看，没看出什么异样，就困惑地看着方丈。方丈笑眯眯地说："此处有酒可饮啊！"项先生更是大感不解，这山野之中，石罅之间，哪有什么酒呢？连水也不见啊！方丈说："先生造酒苦于没有好水，这石穴之下，就有好水呢。"项先生连忙拜谢。过了两天，他带着工匠前来，自己出资在石穴处打井。没多久就打出了水。项先生又惊又喜，摘了片树叶，裹成一个"小勺"，去舀了一勺，喝一口，感觉非常清冽爽口，而且隐隐感到有一股酒香。这正是酿酒的好水啊！

项先生于是将这口水井取名为金泉井，井口达一丈，由于它的水源来自西山（萧山），源远流长，遇到大旱之年也不会干涸，所以周围的百姓都来这里取水，道路也为之堵塞。有些蚕农家汲回水去，用来缫丝，丝线质量更好。金泉井酿造的酒，"其色莹洁"，醇香可口，据《弘治绍兴府志》记载，从此"萧酿与越酒并重"。明嘉靖年间（1522—1566）的郡守洪珠还题写了"金泉井"的匾额，镌刻在井旁。

到了清代,一个姓汤的家族继续着萧山的酿酒事业,酿出的酒远近闻名,这家人出了一个著名的人物——汤金钊。乾隆五十九年(1794),汤金钊二十二岁举乡试第一,成为解元。嘉庆四年(1799),金钊二十七岁中进士,选庶吉士,授编修。他先后任左都御史、礼部尚书、充上书房总师傅、吏部尚书、工部尚书、户部尚书之职。道光十八年(1838),以协办大学士调回吏部。咸丰四年(1854),汤金钊中举六十周年之际,清廷加封他太子太保衔,并赐御书"庆衍恩荣"匾额,恩宠有加。终年八十五岁,谥为文端公。汤金钊的祖辈从青田迁居长河,再迁至萧山的城厢镇西门外居住,称为"西门汤氏"。汤金钊的祖父在萧山开了个酒店,其酿酒用水就来自金泉井,一家人借此实现了小康生活。宣统二年(1910),清政府在南京举行第一届南洋劝业会,萧山的酒拿了个优等奖。

如今,金泉井水仍然是萧山百姓的最爱。在一篇《老式茶馆》的文章中,有这样的句子:"为什么东门茶馆多?因为毛家河的水是北干山矿泉水,经北门兜流入,清凌凌的水,哗哗哗地从上游流来,由于水质好特别适合泡茶。还有九华滩的水,专门有人挑来卖给茶馆和居民。西门的茶馆分布在凌家桥和西河,因为西山北麓的金泉井是上等好水。"

金泉井小档案

金泉井位于杭州市萧山区城北净土山麓,山上为净土寺遗址,相传宋时酿酒多用此井之水,又名酒泉。

参考文献

费黑主编，萧山县志编纂委员会编：《萧山县志》，浙江人民出版社，1987年。

金阿根：《老式茶馆》，《萧山日报》2019年3月9日。

岳王忠泉千古洌
——忠泉井和银瓶井

绍兴十一年腊月二十九日（1142年1月27日），南宋临安城上空，乌云密布，西北风刮得很猛，皇宫端明殿上的琉璃瓦莫名其妙被刮下了几片。几个小内侍，看看天色，收拾着地上的残瓦，并报告当值内侍，请将作监的工匠来修理。他们的心情也和这天气一样，是阴郁的——马上就是春节了，可是临安城里哪有过年的迹象？连普通百姓，也都没了欢喜过年的心思。内侍们虽不许过问朝政，但风言风语，他们还是听了不少，听说高宗皇帝和秦桧基本达成了一致意见，要杀岳飞。想到这里，内侍们打了个寒战，浑身汗毛竖了起来。

其实早在两个多月前的十月十三日，岳飞就被抓进了大理寺。在此之前，岳飞已经率领他的部队收复了被金兵占领的故都东京即开封，而且全军上下群情振奋，斗志昂扬。金兵统帅四太子兀术见大势已去，准备渡黄河北去。这时，有个北宋时期的太学生却对兀术说："太子不用担忧，自古还没有见到朝廷里没有靠山的大将能在外面建功立业的，岳少保不久就有大祸临头了。"兀术这才停下逃跑的脚步，叫人给奸相秦桧带话，说如果要议和，就必须杀掉岳飞。于是就在岳飞挥师北进之时，朝廷用十二道金牌命岳飞班师回朝。岳飞见到这一道道金牌,心里悲愤至极,流着泪说:"十年之力,废于一旦!"当地的老百姓不明白岳飞胜利在即,为什么要撤退,都挡在岳飞的马前,不让他离开。老百姓说,我们都全心全意帮助官军杀金兵,现在您要离开,到时金兵回来报复,我们这里哪还能有活下来的人啊!岳飞只好拿出诏书,说明自己迫不得已的原因,并用五天时间,安排老百姓撤退。

岳飞回到临安,交出了兵权,但宋高宗和秦桧因议和的需要,想置岳飞于死地,在岳飞赋闲不久,就抓捕了他,还将岳飞的长子岳云、部将张宪也投进监狱。岳飞虽一腔忠愤,但在秦桧、万俟卨等人的构陷下,高宗终于在绍兴十一年年末,下达了赐死岳飞,斩杀岳云、张宪的旨意。

那日下午,狂风呼啸,临安城就像要被风吹走一样。家家都关门闭户,到了晚上,一些人听到了消息:精忠报国的岳少保,与儿子岳云与部将张宪一起,已经被秦桧害死在大理寺狱中。而岳飞的供状上只有八个大字:"天日昭昭,天日昭昭。"很多人涕泗滂沱,痛骂秦桧等奸臣误国。

雪花终于从天而降,没有多久,临安城就铺上了一层白毡,这白毡也覆盖了大理寺的刑场,覆盖了几位忠臣的鲜血,一切都像没发生过一样。岳飞和岳云、张宪的遗体已经被几名狱卒抬到了临时停放的屋子。看到岳飞惨死,狱卒们心情都很沉重。在岳飞被羁押在大理寺时,他们曾朝夕相处,知道这位岳少保是带领南宋军民抗击金兵的英雄,他们知道,如果不是奸相构陷,岳少保一定会率领岳家军,收复北方失地的。就在岳飞被抓进大理寺后,好几位正直的官员都因不参与诬陷而被下狱。有个布衣刘允升上书直言岳飞之冤屈,还被害了性

岳飞墓前的忠泉井

命。狱卒中有个叫隗顺的，是个精壮汉子，在家里，父母就一直教育他为人要忠义。他特别敬仰岳飞，在岳飞被捕入狱之后，他常常从家里带来食物，替换掉粗劣的狱中饭菜。隗顺他们的心中，非常希望岳飞能被放出来，重返杀敌的战场。可惜，朝廷的投降派占了主导地位，在这个即将迎来新年的日子，朝廷宣读诏书的内侍来到，那位也曾击破金兵拐子马的名将杨存中带兵前来监斩。岳飞大义凛然，很平静地要求沐浴，之后被害。岳云和张宪则被斩首，一腔热血洒在风波亭上。隗顺偷偷抹了几次眼泪，晚饭前，他做了个大胆的决定。

晚饭后，大家仍沉浸在悲痛之中，当班的几个狱卒喝了几口酒，竟昏沉沉地睡了过去。隗顺穿好了黑色的夜行衣，来到岳飞的遗体前，磕了三个头，道声："岳爷，小的送您出城去，免得那些腌臜货来玷辱您。"于是，他将岳飞的遗体背着，上面扯块黑布遮挡严实，从侧门悄悄出去。实际上，有几个狱卒听到了动静，但都没有声张。隗顺背着岳飞的遗体，一路小跑，来到大理寺附近的城墙，趁着夜色缒城而下，先将岳飞遗体安置于钱塘门外九曲丛祠中，再拜了几拜，休息一阵后，又背着岳飞遗体来到北山的西湖旁。他已经在此准备好了棺木，挖好了深坑，这时就可以把岳飞遗体安放进棺木中，岳飞身上平时戴的一个玉环，隗顺也小心地挂在岳飞的腰间。安葬好之后，隗顺还在墓上种了两棵橘子树，作为标志。

岳飞等人被害的第二天，正是大年三十，可是谁还有心思过除夕？整个临安城都陷入了悲怆，只有秦桧一伙人心里暗喜，而最高兴的当然是金国的大臣、将领们，以前他们对岳飞都十分害怕，又很敬服，称岳飞为"岳爷爷"，直到南宋传来岳飞已死的消息，这些大臣、将领喝酒庆贺说："和议自此坚矣！"

岳飞的女儿小名叫孝娥，自幼聪明伶俐，岳飞在家时，时常带着她玩，夫妻俩把孝娥视作掌上明珠。一次，岳飞带着她去逛御街，走到一家银器铺子时，孝娥对里面的一个小银瓶爱不释手，撒着娇求父亲买下。岳飞拗她不过，只好掏出银子，把银瓶买下。这下银瓶就成了孝娥最好的陪伴，父亲出征之后，孝娥每天都把银瓶捧在手里，心里默默祈祷父兄平安。随着时间推移，孝娥渐渐长大了。岳飞被杀那天，孝娥正在家里，突然感觉到心里揪心的痛，好好放在桌上的银瓶也滚下地来。没多久，噩耗传来，岳夫人昏倒在地，孝娥内心如焚，悲痛欲绝，家人把她们扶起来，岳夫人这才缓过来，想起还有几个幼子需要抚养，擦干眼泪，忍着悲痛，反而过来安慰孝娥。

第二天，孝娥为父亲的冤情写下了给朝廷的申辩书，给母亲说了声要去看看情况，就捧着自己最喜欢的银瓶出门去了。她到了皇宫，想投书进去，但皇宫守卫森严，一个小姑娘如何进得去？她反复地请求守卫，可都是不允许，孝娥在皇宫外磕头，直磕到额头流血也没人理她。旁边的百姓知道她是岳将军之女，就劝她回去，几个好心人扶着她走了一段。孝娥想起父亲对自己的爱，想起父亲所受的冤屈，越想越伤心，猛然之间，她看见路边有一口井，便抱着银瓶从井口跳下。等到众人把她从井里捞起来时，她已经闭上了双眼，而父亲送给她的那个银瓶也长留于井下。后来，人们感念这位孝义的女孩，就叫她银瓶公主。她跳下的这口井，就取名为银瓶井。清同治年间井旁刻有"孝娥赴义处"五字，还在井上盖了孝女亭，内置清碑刻二方。

绍兴三十二年（1162）六月，宋高宗赵构传位给养子赵眘，是为宋孝宗。宋孝宗很想做一番事业，在即位的第二个月就召主战派张浚入朝，并下诏为岳飞冤狱平反，追复其原官，赦还岳飞被流放的家属。诏书下达之后，负责的官府就开始寻找岳飞的遗骨，可是都没人知道在哪里。于是官府便贴出露布，称只要谁提供了岳飞遗骨的埋葬地，就有五百贯钱的厚赏。过了两天，隗顺的儿子就去官府，说自己知道葬在哪里。官府派人跟去，经过仵作的查对，确认是岳飞遗骨，于是重奖了隗顺之子。

原来，隗顺去世之前，并没有带走这个秘密，而是告诉了儿子。他说："岳将军的遗骨。以后肯定有官府要来寻找，找不到的话，就会悬赏，到时你就带着官府的人去找，那个地方我栽了两棵橘树，而且那个棺木上有一个小小的铅筒，上面刻着大理寺的字样。"还说了岳飞的玉环，自己给他挂在身上。

开棺时，隗顺的儿子看到岳飞面色如生，当时距离岳飞被害时已经二十年了，棺木里也没有防腐的药物之类，为什么遗体并未腐烂，还在收敛时能穿上礼服？在场的人都啧啧称奇。

第五章 凡有井水处,皆能歌柳词——宋代古井

忠泉井

岳飞的遗骨被重新安葬在西湖边的栖霞岭南麓。墓阙前有一股清泉沁出,清澈无比,清康熙年间杭州知府李铎重修岳飞墓庙时,在这里修建了精忠桥,并在这眼泉水沁出之地修出一口水井,取名忠泉。一泓井水,记录着岳飞一生的清白和忠义。李铎在忠泉井的题跋中这样写道:"维王之神,如水在地,于兹墓侧,有泉清沸,芯芳甘洁,泠然西注。亦名曰'忠',赫濯奕祀。"

忠泉井与银瓶井，就像杭州的两只眼睛，冷冷地仰望着苍天，不竭的井水，就像是历代的忠义之士流下的眼泪。近千年的岁月里，人们依然怀念着岳飞这位伟大的抗金将领、忠义之士，他的精神，将伴随杭州这座美丽的城市，直到永远。

忠泉井与银瓶井小档案

忠泉井位于杭州市西湖区北山路80号，西湖西北角、栖霞岭南麓的岳王庙中。银瓶井井址在庆春路660号，原岳飞故第东，建造年代不详，又称孝女井、孝娥井。

参考文献

〔明〕田汝成：《西湖游览志》，上海古籍出版社，2017年。
〔宋〕佚名：《朝野遗记》，中华书局，1991年。
杭州市人民政府城市管理办公室、政协杭州市上城区委员会编著：《杭州的井》，中国美术学院出版社，2010年。

内侍"修仙"竟是这口井的缘起
——紫阳泉井

宋高宗绍兴二十九年（1159）腊月初二，杭州下了场雪，纷纷扬扬的雪花，把大好湖山装点得分外美丽。入了夜，大内虽还没有熄灯，但已经安静下来。高宗皇帝早选好了当晚去就寝的后妃住所，此时正和妃子说着体己话；内侍提着灯，开始检查各宫殿的门窗关没关严，提醒管好火烛；宫女侍候着各自的主人，准备休息……冰冷的夜里，在外人看来如同仙山琼阁般的皇宫，却是冷得叫人发慌。反不如御街附近的瓦子、酒肆，尤其是中瓦前，在临近过年的腊月，热闹非凡。各种古董、杂货、小吃琳琅满目，人群熙熙攘攘。酒楼歌馆的生意也相当火爆，一直要到四鼓，夜市才渐渐安静。一旦快到五鼓时分，官员们要赶着去"上班"，就有卖早点的人开始做生意，御街一带又热闹起来。①

此时，皇宫的一个小屋里，显得比其他屋子更安静。天井四面屋顶上的白雪反射着银光，从窗棂透了进来。可以看见屋里缭绕的香烟和简洁的陈设。屋中间放着一个大蒲团，上面坐着一个人。他白净无须，头戴冠巾，穿着一袭白色的道袍，正微闭双目，调匀鼻息，在修炼道家的养生功法。奇怪了，皇宫里怎么进来了男人，还在这里修炼道法？原来，这人名叫刘敖，本来就是宫里

①据南宋耐得翁《都城纪胜》。

的内侍。他在总角之年——八岁的时候，就净了身，被送进宫里，做了一名内侍。在宫里，刘敖忠心、勤奋、肯干，常常获得皇帝的嘉奖，后来成为内侍官。但这位刘敖却很不一般，虽然净了身，比普通人少了肉体欲望，却非常向往神仙之道，于是就在宫里悄悄地修炼道法。宦官当中，虽然著名人物大多是"反派"，但也隐藏着不少能人，东汉就有蔡伦，发明了造纸术，后世的郑和，七次下西洋……这位刘敖也是这样，他通过在大内悄悄修炼，已经有了一定底子，加上获得高宗的信任——宋室的皇帝对道教都情有独钟，对他这个"异数"算是默许，于是他的修炼也就不太避人耳目了。后来，他还向高宗提出，希望能够把他放出宫去，到外面的道观里继续修炼道法。

九年前，也就是绍兴二十年（1150），出了件大事，当时的宰相秦桧入朝的时候，被殿前司前后军使臣施全持刀行刺，可惜施全的刀被轿子挡住了，没有杀掉秦桧，秦桧把施全抓了起来，亲自审讯。施全说："全国都与

紫阳泉井

金人为仇，你却要事金卖国，我就要杀你。"后来，秦桧用残酷的磔刑处死了施全。施全这位英雄，一直被民间颂扬。也许是自己信任的宰相做出了不仁不义之事，宋高宗的内心是不平衡的，他把心思放在祈求神仙上，希望保佑自己和南宋江山能长久下去。一天，他召来刘敖，说吴山上的宁寿观，事关皇家祭祀，需要光大，虽然请了高道任住持，但还需要有个人来代表皇家进行管理，于是就发给刘敖道士度牒，让他"典领"三茅宁寿观，还给他赐法名为"能真"。

白驹过隙，一转眼，九年又过去了，刘敖头上的白发又多了不少。他每天坚持着道家的吐纳调息功夫，日渐精进。窗外的雪花无声飘落，四周静谧，听得到心跳的声音，接着这心跳声也听不到了，周围一片空灵。这时，刘敖觉得，空中亮了起来，自己也像飞到了皇宫之上，看到远处的云海中间，有三个小黑点，正向自己这边飞来。倏忽之间，三个黑点变大了，仔细一看，原来是三只白鹤，神奇的是，三只神骏的白鹤背上，有三位神仙，都盘腿坐在鹤背上，在皇宫旁边的七宝山上盘旋，像是要找个栖息的地方。刘敖一看，这可不得了，原来是三茅真君下凡来了！他一激动，就从蒲团上惊醒过来——原来做了一场梦！这个梦说是虚幻吧，刘敖却感觉清清楚楚，说是真的吧，自己连门都没有出，哪会有这样的好事？

第二天一早，宋高宗上朝还没回宫，刘敖就给当值的总管交代一声，和一个小内侍一起往七宝山而来。这山并不高，沿途都是梅树，盛开的梅花在大雪之中呈现着红红白白的色彩，开得很精神。刘敖两人走到半山腰，就听见一声清亮的鹤鸣声！他定睛一看，原来不远处的一株古梅上，站着三只白鹤。刘敖大喜，拜倒在地，口中说："福生无量天尊！真君驾临杭州，乃我皇与百姓之幸，愿真君护佑大宋朝。"那三只白鹤就像听懂了似的，冲着刘敖一声声鹤唳，然后一飞冲天，直上云霄，在上空盘旋三匝，突然向下俯冲，在山脚下的一块空地那里，发出悠长的鸣声，然后用脚爪刨开积雪，雪下竟有一凼清水。三只仙鹤低头饮水，然后又振翅飞上云霄，越飞越远。刘敖赶到山下，看到这凼清水，捧了一掬在手，喝了一口，感觉遍体清凉，他认为是自己的虔心向道，感动了三茅真君下界为自己找到泉水，要是在此打井，肯定能打出水来。实际上，古人这样穿凿附会的事很多，把山下本来就沁水的地方，当成白鹤找出的水源了。

"刘公公是神仙啊，居然把真君都请动了，还为杭州挖出一口白鹤泉！"和刘敖一起上山的小内侍回宫就到处宣传。还不等刘敖换好衣服前去禀告高宗，一个小内侍便跑来说："刘公公，皇上听说您遇仙的事了，宣您快去见驾。"刘敖赶忙收拾一下，穿着白道袍，拿着一柄长长的拂尘，向高宗起居的福宁殿而来，甬道两边堆积的白雪映着白道袍，小内侍们看着，感觉有点仙风道骨呢。

高宗听刘敖讲了梦见三茅真君又于今晨亲见三只白鹤刨地出泉的过程，很是兴奋，竟站起来，向空中作揖道："朕南渡之初，船至中流，为飓风所阻，幸有三茅真君施展神力，护朕抵岸。如今金主狂悖，侵宋之心昭然。爱卿夜梦三茅真君降临，今又亲聆真君法旨，实我大宋百姓之福啊！"高宗这番话说的是他即位之初，在逃往杭州之时，乘船渡江，却遇到顶头风，船在钱塘江中动弹不得，十分危险。这时随行的人请高宗默祷附近的三茅真君保佑，结果十分灵验。高宗到杭之后，就把吴山上的三茅观好好修整了一番。今天听到刘敖说三茅真君驾到，岂有不兴奋之理？然而，他竟忘了，父亲宋徽宗如此信奉神仙之道，在全国大建宫观，还给自己命名为教主道君皇帝，但仍然不免靖康之难、北狩之祸。这种求仙问道，不过是寻求心理安慰罢了。

这一年，金国的皇帝完颜亮秘密地派画工潜入杭州，将杭州的湖山美景画成长卷，带到燕京。这完颜亮曾跟随汉人老师学习诗文，他虽生性暴虐，好色无度，却写得极好的豪放派的诗词。看了卷轴，杭州美景激起了完颜亮侵略南宋之心。他把画做成屏风，每天面对，并在上面题了一首诗："万里车书一混同，江南岂有别疆封？提兵百万西湖上，立马吴山第一峰。"这是赤裸裸的野心啊！你说高宗怎么能不着急啊？但他仍旧把希望寄托在三茅真君身上，希望神仙能护佑大宋。宋高宗此时可能也想到了曾被自己和秦桧杀害的岳飞，要是有岳飞在，断不会让金兵南进的——而现在他却一门心思想神仙来拯救。

于是，宋高宗对刘敖说："刘爱卿曾梦鹿泉，果在山中出泉，今又梦三茅真君降临，仙鹤又开清泉，必是爱卿至诚感格，可谓神机通玄也！"他要求刘敖在七宝山上兴建一座全新的道观，就由刘敖全权负责。刘敖领命之后，经过近一年的筹备，于绍兴三十年（1160）开始修建。高宗为道观榜书"通玄"两个大字，此观就正式命名为通玄观。刘敖也得偿所愿，一改自己的内侍身份，以开山鹿泉刘真人的身份，主持道观修建。

刚修到一半，绍兴三十一年（1161）十月，边境烽烟大起，金主完颜亮想实现他立马吴山的愿望，竟不顾群臣反对，兵分四路，对南宋发动全面进攻。前方的仗打得很艰苦，宋兵连连败退，金兵已经占领了扬州，前锋直逼江南。十一月二日，完颜亮的从弟完颜雍趁他南征之机称帝，军心动摇，但是完颜亮却想打败南宋之后，回头再来收拾篡位者。没想到在采石矶遭到宋将虞允文的重击。虞允文生于四川隆州仁寿县，绍兴二十四年

（1154），虞允文进士及第，被派往四川彭州任通判，后又当过黎州、渠州的知州。当时，秦桧当权，虞允文等蜀地文士得不到重用，绍兴二十五年（1155）之后，秦桧病死，中书舍人赵逵极力推荐虞允文，他才受到高宗召对，后来被任命为秘书丞，累官至礼部郎官。到完颜亮南侵时，虞允文被任命为督视江淮军马府参谋军事。到了采石矶后，他看到宋军士气涣散，就亲自督师，激励士兵们说，退无可退，必须奋勇杀敌，全军的士气被激发起来，以一万八千人的兵力与十五万金军决战于采石矶，结果大败金军，赢得了著名的"采石大捷"。过了二十多天，完颜亮激起兵变，被叛将杀死。金兵返回北方，南宋的危机得以解除。

消息传到皇宫，宋高宗兴奋得睡不着觉，第二天亲上三茅宁寿观祭拜三茅真君，他觉得是三茅真君的降临，解除了这场灾难，把前方将士浴血奋战的成果，都归功在了神仙身上。当然免不了要视察一下通玄观的修建进度，对刘敖刘真人大加奖掖。

经过一年多的施工，通玄观建起了茅君殿，供奉三茅真君这几位专管吴越地区人民生命、祸福的神仙，后面还有玉清殿、谒斗台、放鹤亭、山门等。山门上，宋高宗手书的"通玄"二字熠熠生辉，建好后的道观在满山的翠竹与梅林的掩映下，从不远处的太庙那里眺望，只见庙貌金碧辉煌、飞檐翘角，宛如天上宫殿。通玄观落成那天，宋高宗专程前往祭拜。这以后的皇帝，在拜祭太庙之后，往往要到通玄观走一走。刘敖从此也获得了在通玄观长住的特权，并以真人的身份，掩盖了曾经净身的屈辱。至于成没成仙，就只有天知道了。

观里的一块石壁上，雕刻着刘敖以及元始天尊、三茅真君的雕像，还有一只小鹿，旁边刻着"鹿泉"二字。

紫阳泉井

那时的通玄观真有一眼鹿泉。明嘉靖年间，道士徐道彰重修了通玄观，他的坐像也被刻在石壁上。到了现代，这些造像被称为"通玄观造像"，是浙江省重点文物保护单位。

后来山上又挖出了一眼泉水，道士们在旁边垒砌一方池塘，作为仙鹤们沐浴的所在，成为白鹤泉。加上原来的鹿泉，以及山下仙鹤刨出的那眼泉水，通玄观范围内就有了三眼泉水。后来鹿泉干涸，到清康熙年间道士朱广基在原来的泉眼旁边又开了一眼泉水，仍叫作鹿泉。鹿泉是明代通玄观众多胜迹之一，"鹿过曲水"（鹿泉）和"瑶台万玉"（通玄观竹）都被列入"吴山十景"，说明这个地方风景有多幽雅。可惜，在太平天国李秀成率部攻打杭城时，通玄观的建筑完全被毁了。

山下这凼水是个泉眼所在，后来通玄观的道士在这里打了一口井，这口井水质很好，香洌可口，成为通玄观道士的主要用水来源，同时也供周围的居民取用。百姓们喝着井水，传颂着南宋都城的故事，有些故事传成了神话，令人至今仍津津乐道。

宋末元初，通玄观失去了皇家的护佑，逐渐式微，当时的诗人黄庚曾就此作诗一首：

云气深深护石坛，红尘飞不到阑干。
清阴满地无人迹，一径松风鹤梦寒。

明代，徐道彰重修通玄观之后，通玄观的香火又重新旺盛。清康熙四十二年（1703），由两浙都转盐运使高熊征及盐商汪鸣瑞等捐资，在通玄观旁边建造"紫阳别墅"，不久改名为紫阳书院。著名诗人龚自珍就曾在紫阳书院讲习，从紫阳书院走出去的杰出者也很多。

这口井因为瑞石山的缘故，被称为瑞石泉，因后来旁边修起了白马庙，又被称为饮马泉。该井在清雍正年间（1723—1736）重修过，1926年，一场大火将这口井掩没，1927年，以"中国硼矿第一人"闻名中国的何绍韩，对该井加以修整，还在井圈上题刻"余以其位紫阳山麓，拟号紫阳泉……"——"紫阳泉井"由此得名。何绍韩，号"潜庐主人"，为防止日本人对硼矿的掠夺性开采，他上书省政府请求收回开采权，三年后，硼矿的开采权被收回。他成立了璋华硼石公司，成为国内最大的硼石公司，为中国的民族工业做出了巨大贡献。中华人民共和国成立后，何绍韩把自己开办的四十多处矿厂、三千多平方米房产、一百多万元家底全部无偿捐献给国家，用于新中国的经济建设。1952年，七十一岁的何绍韩把自己积累、保存、整理的全部矿藏资料交给了浙江省工矿厅厅长郭静唐。此后，他一直在家中读书。1961年，时任浙江省省长周建人聘请八十高龄的何绍韩为浙江文史研究馆馆员。1962年，何绍韩去世，终年八十二岁。

紫阳泉井小档案

紫阳泉井位于杭州市中山南路白马庙巷口，以前曾叫瑞石泉，又名马泉、饮马泉，为联体双眼井，八角形水泥井圈。

参考文献

〔清〕丁丙：《武林坊巷志》，浙江人民出版社，1986年。

唯喜：《杭州通玄观造像：瑞峰之阳的道教石刻》，《中国道教》2013年第4期。

劳伯敏：《南宋临安的道观和通玄观造像》，《杭州师范学院学报（社会科学版）》1987年第3期。

善心柳翠为百姓捐建水井

——柳翠井

南宋绍兴年间的一个春日,杭州抱剑营的一条街巷里人声鼎沸,一口水井正在施工。高高的井架竖立在井口,几个匠人正扳动桔槔,把一筐筐泥土提出来倒掉,泥土越来越湿,应该是离含水层很近了。外面旁观的人起劲地咋呼:"你们几个吃没吃饱饭啊,柳姑娘捐银子请你们挖了这么多天,水星子都没看到过。"匠人回应:"你们来嘛,你以为井那么好挖,一下就能打出水?"旁边的人说:"那你把银子拿出来,请我们几个去南食店吃几碗铺羊面,我们就来帮你!"匠人说:"你们想得美呢。"

正在这时,井下传来一声:出水了!大家一阵欢呼。有人就说,快去那边瓦舍里把柳姑娘找来看看。一个人就飞跑而去。不一会儿,巷口出现了一位二十多岁,面目姣好,身材婀娜的女子,穿着绣花纱裙,手里拿着把团扇,步履盈盈地走过来。有人小声说,柳姑娘来了。只见柳姑娘向大家道了万福,来到井边,看了看下面,匠人提醒她,柳姑娘小心脚下,泥滑得很。柳姑娘说:"不要紧,你们都辛苦了。"这时,有位老婆婆走过来,拉着柳姑娘的手说:"柳姑娘,你这次个人捐钱,为我们抱剑营这片的人打井,真是好人啊!我们全家都记着你的大德。"柳姑娘说:"张婆婆,佛祖慈悲普度众生,这点小事,算是我为抱剑营的众街坊尽一点心意。"旁边的人说:"柳姑娘,你是菩萨转世吧,不然怎么这样慈悲啊,前一阵,你还出钱,为万松岭那边修桥,真是大功德啊!"柳姑娘说:"小女子卑贱之身,能够做点好事是我的福分。"

这口井打好了,井里的水十分清甜,周边的居民欢喜得很,于是就按柳姑娘的名字——柳翠,给这口井命名为"柳翠井"。

但是在过去,这位柳姑娘——柳翠在这一片却不受人待见。为什么呢?因为她只是个身份低贱的营妓。营妓这一职业由来已久,但在南宋建立之初,却是名将杨存中(原名杨沂中,后被宋高宗赐名杨存中)把营妓引入杭州的。据《梦粱录》记载,当时杨存中打败了伪齐的刘猊,后率领军队手持着长斧头,打败了金兵的"拐子马",威震北方。因长期在北方用兵,他带回的军士有很多西北人,为了安抚这些军人,他就在杭州城内外创立了不下十七处瓦舍。瓦舍又叫瓦子、瓦市,"盖取聚则瓦合,散则瓦解之义也"(《西湖游览记》)。瓦舍有点像现代的商业综合体,为娱乐兼营商业的场所,以极其丰富的曲艺说唱杂技等表演为内容,是一种大众性的文化消费场所。《东京梦华录》中记载了汴京的瓦舍,就有唱曲、表演傀儡戏、演杂剧、讲小说、皮影戏等等内容。这些表演一直要延续到很晚,另外还有卖药的、算卦的、卖衣服的、卖饮食的等等穿梭其间,以至于人们"终日居此,不觉抵暮"。到了南宋,瓦舍中的娱乐内容不减反增,成为当时的市民娱乐的好去处。当然,瓦舍中难免有色情之处。杨存中开设的瓦舍中就有不少营妓,柳翠就是其中一员。

柳翠在抱剑营的瓦舍里名气是响当当的,虽是营妓,

柳翠井巷

却不是一般的军士能够亲近的。好多王孙公子都慕名前来,花重金想见她一面都不容易。柳翠除了长得漂亮,吹拉弹唱、诗词歌赋也都很精通,这更引得众多蜂蝶纷扰。只是柳翠比较"佛系",在其他人眼里是个异数。她平时最喜欢看的书是佛经,在自己的房里,张挂着白衣观音的绣像,每天都要礼敬上香。十多年来,自己也积攒了不少金银珠宝,却不太喜欢买胭脂水粉、绫罗绸缎,除了买上好的沉香用于礼佛,最喜欢的是去赈济穷人,最近这两年,竟独自捐资,为万松岭下的一条河道捐建了一座石桥,方便了两岸的人来往。后来看到抱剑营这边的百姓吃水困难,于是就再次捐资,为当地打了一口井。这样的善事一传十、十传百,渐渐地,柳翠的善名在杭州广为传颂。不过也有人说她是高僧转世,到风尘之地消除宿债来的——这当然是迷信的说法。

传说这和二十多年前的一件事情有关。

二十多年前,临安府尹柳宣教走马上任了。秋天的太阳暖烘烘的。柳宣教兴致勃勃地视察了自己下辖的"刑名钱谷"吏员们的办公场地,还特别察看了监狱里关押的罪犯,拜了狱神皋陶,对狱卒们进行了训话……柳宣教心情是畅快的,自己终于成为一方大员,而且和高宗皇帝挨得很近,自己的一举一动,相信都会引起皇帝的注意,"宰相必起于州部,猛将必发于卒伍"——有朝一日,说不定自己也能一人之下万人之上呢。到了下午,便命令州属的相关吏员,通知所有临安府所辖的官署、道院、佛寺等负责人,第三天都来临安府廨宇,他要和大家见一见。

"千尺长松挂薜萝,梯云岭上一声歌。湖山深秀有何处,水月池中桂影多。"这是苏东坡游览临安府的梯云岭下水月寺时所作的一首诗。这座寺庙建于宋太宗太平兴国二年(977),寺院不大,里面却有两个景致值得一观,一个就是诗中提到的水月池,另一个是灵固石。秋天,寺院里的很多桂花树都已开花,丹桂、银桂树上,金黄与雪白交映,像天女撒下的黄金与白雪。水月池里,桂树倒影其中,如真如幻;灵固石上,桂花层层铺垫,如毯如茵。满山都是桂花的幽香,沁人心脾。这个寺院的住持叫玉通禅师,已是修行了五十二年的高僧,每天都专心诵经修行。柳宣教的通知传到了玉通禅师这里,玉通禅师觉得自己乃方外之人,闲散惯了,以前的地方长官到任,这种参见也是很少的,于是就仍然闭目念经,在桂香之中,体味空明静寂的感觉。

第三天到了,临安府衙内,黑压压地站了很多人,各官署、寺、观的负责人基本都来了。柳宣教十分兴奋,叫人按着名册点卯。叫到了水月寺玉通禅师的名字时,却无人答应,一问,有寺院的僧人就说,玉通禅师是得道高僧,不染人间一点尘,此次未来参谒府尹大人,定是在禅关入定之中。柳宣教冷笑道:"好个不染人间一点尘!"

柳宣教当场不好发怒,心里却很不舒服,这么多道观、寺院的住持都来了,你玉通好大架子,居然敢扫我府尹大人的面子?回到内廨,柳宣教夫人挺着孕肚出来迎接,见他怒气冲冲,忙问缘故,柳宣教却连连冷笑,口里念叨着"不染人间一点尘",换了微服,转身走出府衙去。夫人被搞得一头雾水,忙叫一个小厮跟着。

柳宣教一路行来,临安城两旁的街景也无心观览。走了一阵,竟在一个瓦舍前停了下来。这瓦舍对老柳来说太熟悉了,还没当府尹之前,他就常常往这里跑,成了这里的常客,而且与其中的一名歌女吴红莲关系很好,两人卿卿我我。柳宣教还曾起过纳妾的心思,只是后来朝廷起用,他当了临安府尹,怕累及官声,这才作罢。柳宣教到了门口,自己也哑然失笑,怎么三不知地就又到这里了?他突然有了个主意,高兴得双手一拍,就打发小厮回府,说自己在外和友人喝茶,请夫人不必挂念。

进得瓦舍,里面很多都是熟人,因柳宣教以前来的时候都是用的化名,所以只有吴红莲等几个知道他是府尹大人。好在当时还没到晚饭时间,瓦子里人也不多,柳宣教径直来到吴红莲的房里。吴红莲娇嗔道:"柳大人,你当大官了,也不来我们这种地方了,今天是东风还是西风把你吹来了?"说这话的时候,乌黑的大眼睛盯着他,桃腮上一片红晕,乍喜还羞。柳宣教忙坐到红莲身边,从袖子里摸出一锭大银子,放在床上。红莲轻轻呸了一声说:"你又拿些让我们眼浅的东西来,谁稀罕!"

老柳忙说:"这银子只是定钱,后边你要帮我做成一件事,我给你十倍银子。"吴红莲一听,在他耳边悄声说:"你要做什么事,就一百件,我也做了。"老柳就要他去勾引玉通和尚,让他破戒。吴红莲啐他一口说:"好狠的心!那说好,事成了,十倍的银子啊!"柳宣教点头如鸡啄米。

水月寺一如往常,桂子月中落,天香云外飘。但是这两天内却发生了一件大事,玉通禅师圆寂了!原来是吴红莲假装去寺里拜佛,暗中却施了手脚,竟让玉通破了色戒。后来知道是柳宣教使的诡计,玉通悲愤交加,没几天就一病不起,竟自圆寂了。

柳宣教自己也没有好结果,过了几个月,也染上时疫,大病一场,一命呜呼!没多久,他的夫人产下孩子,是个女儿,按父姓取名为柳翠。

家里没有了顶梁柱,只剩下孤儿寡母,坐吃山空,家道渐渐零落。柳翠在旁人嫌弃的眼光里长大了,色艺双绝,后来迁到抱剑营居住。为了生存,她只好加入了乐籍,后来就成为抱剑营的一名营妓。在夜夜笙歌的生活中,柳翠却喜好佛法,乐善好施。一次,当她听说玉通禅师是因为父亲柳宣教而死,更是坚定了她做善事的决心。她捐建的柳翠桥和柳翠井以及其他的善事,被杭州人广为传颂。柳翠后来离开了瓦舍,过着与世无争,但内心很充实的生活。去世后,她的遗骨被收葬在皋亭山上。据《武林梵志》记载,山上的"柳翠庵,在下塔侧,有柳翠塔"。柳翠的传说还出现在后世的《喻世明言》等话本、杂剧里。

柳翠井,竟有这么一段曲折离奇,既荒唐又凄美的故事。柳翠虽社会地位卑微,但她为老百姓做了善事,老百姓就记住了她,这说明杭州这座城市,真的是有情有义。历史上叱咤风云的人物很多,但像柳翠这样的普通人,能够永久铭刻在百姓口碑中的,还真是少见。

柳翠井小档案

柳翠井位于杭州上城区柳翠井巷,20世纪90年代杭州旧城改造时被填埋。

参考文献

〔明〕田汝成:《西湖游览志》,上海古籍出版社,2017年。
杭州市人民政府城市管理办公室、政协杭州市上城区委员会编著:《杭州的井》,中国美术学院出版社,2010年。
伊永文:《宋代市民日常生活》,中国工人出版社,2018年。

济公破扇摇,木头井中出
——运木古井

南宋孝宗淳熙十四年(1187)六月的早晨,刚下了早朝的秘书少监杨万里骑着马,从清波门出城,一阵小跑,赶到净慈禅寺。虽然道路两旁都是大树,晨风吹来带着一丝凉意,但杨万里赶到净慈寺时,额头上还是沁出了一层汗。晨光映照着不远处的西湖,反射着点点金光,湖里的荷花开得正艳。

杨万里刚赶到寺门,林枅就迎了上来。两人对净慈寺很熟,怕外面的香客打扰,就径直到了香积厨外的醒心井边,坐在旁边的石凳上说话。一位僧人给他们拿来了一壶茶,两个茶碗,两人就喝起茶来。原来杨万里这么着急赶来,是因为自己的下属林枅得到皇帝的旨意,要去福州路任转运判官,即刻就要启程了。林枅,字子方,当时任直秘阁的官职,相当于皇帝的机要秘书。林子方是杨万里的下属与好友,生于建炎四年(1130),比杨万里只小三岁,两人的关系非常密切,时常在一起诗酒畅谈。这次接到外放的旨意,林子方非常高兴,觉得老是在京城做秘书工作,很是憋屈,现在能出去当官,可放手干一番事业。日前在朝堂上,林子方见杨万里并没有表现出欣喜的颜色,觉得有些奇怪,昨晚就专门带信,约杨万里来净慈寺相见,顺便拜一拜罗汉堂里的五百罗汉。

喝了一口茶,林子方就迫不及待地问:"廷秀兄,我感觉此次皇上外放我去福州,对我来说是很好的事啊:一是我本来就是福州人,可为桑梓造福;二是我在朝廷做文书工作很久了,自己也想出去干点实事。前日朝堂之上,怎么看你脸色不对呢?"杨万里看着醒心井说:"子方,我知道你今天除了跟我道别,还是来拜佛的。我没有延寿大师那样的大智慧,焉能未卜先知?我理解你想干一番事业的迫切心情,但我知道,在皇帝身边做事,看似烦琐,但影响面更大,而且对你未来的仕途来说也是很好的。就像这醒心井的'醒心'二字,说起来容易,但自己的心真要清醒,还不是那么容易呢。"林子方听了也不住点头说:"廷秀兄所言极是,我这人就是常犯糊涂。不是没有想过自己的仕途,但实在是想出去好好历练一番,为老百姓做些好事,何况圣旨已下,我只好先去福州,以后有机会再回京城了。"两人依依惜别,走出净慈寺,来到西湖边,见荷叶翠绿仿佛延伸到天边,荷花红艳,在灿烂的阳光下,更加娇艳动人。杨万里诗兴大发,于是口占《晓出净慈寺送林子方》一诗送给林子方:

毕竟西湖六月中,风光不与四时同。
接天莲叶无穷碧,映日荷花别样红。

林子方一听此诗,躬身长揖,连连说:"廷秀兄,子方之名将与你这首诗一起流传后世了!兄的厚意,子方心领了。还望廷秀兄也像这映日荷花,气象万千啊!"两人都是正直旷达之人,虽有离情别意,但都看得很开。杨万里听林子方这样说,也发出爽朗的笑声。

净慈禅寺很有名,杨万里与林子方见面地点旁的那口醒心井,颇有来历,后来还与一位大名鼎鼎的僧人有关,这位僧人就是济公。

杨万里送别林子方的那年,济公还在灵隐寺。直到嘉泰元年(1201),济公才到净慈寺,随后的一件大事,让济公广为人知,而这口醒心井,也成了一口神奇的井。那么,济公是怎么到的净慈寺,后面又发生了一件什么大事呢?且听笔者慢慢道来。

净慈禅寺位于西湖南屏山慧日峰下,开始时的名字叫慧日永明院。始建于后周显德元年(954),由道潜禅师开山,后来吴越王钱俶邀请永明延寿大师前来住持。永明延寿大师取"举一心为宗,照万法如镜"之义,著《宗镜录》一百卷,被后世尊为净宗六祖。

净慈寺有记载的井一共四口:北宋神宗熙宁年间

净慈寺(出自《净慈寺志》)

（1068—1077），杭州知州陈襄邀请宗本禅师来净慈寺住持，当年杭州大旱，连西湖的水也干涸了，到处无水，寺僧都很着急。这天，宗本禅师正在打坐，弟子进来告诉他一个好消息：寺西面的一个角落里，突然流出一股泉水，里面竟有金色的鳗鱼游来游去。宗本禅师忙口宣佛号，来到泉眼旁。僧众们一起向佛菩萨拜谢，念经。宗本禅师决定在这里打井。之后，宗本禅师被神宗召回东京，成为相国寺慧林禅刹第一祖，被哲宗皇帝封为"圆照禅师"，净慈寺这口井因宗本而来，就被命名为圆照井。寺院初建时，为方便寺内餐饮的需要，还在香积厨外面打了一口井，取名为醒心井，没想到这口井后来却名气大涨，成为净慈寺的一道风景。它被人叫作通江井、神运井、运木古井。南宋绍定四年（1231），可能因年久失修，寺内的井水已不敷使用，住持法薰见僧人们要到西湖边去挑水，非常吃力，于是就说要在前殿开井。大家开始以为他是随口一说。一天，风和日丽，法薰提着锡杖来到前殿，默祷之后，以锡杖叩殿前地，嘴里说"泉于斯，井于斯"，大家惊疑间，见大殿两边涌出两股泉水，都叹服：太神奇了！于是顺着泉脉挖下去，并建成双井。当时的丞相郑清之还为之写文章记载了此事。

净慈寺在宋代规模宏大，有殿堂三十八座，里面的僧人就有数千人。明太祖洪武年间（1368—1398），住持夷简铸了一口重两万余斤的大钟，每天傍晚，寺院都要敲钟，钟声回响湖山，令人心灵震撼，被称为南屏晚钟，为西湖十景之一。清乾隆十六年（1751），清高宗弘历南巡，在净慈寺山门外建一碑亭，刻"南屏晚钟"四字于碑上。净慈禅寺被称为江南禅宗五山十刹之一，在佛教界有着很高的地位。

济公出家前名叫李修缘，南宋高宗绍兴十八年（1148），他出生在浙江台州天台山永宁村的一户富裕人家里。二十岁时，李修缘毅然决定出家。他先是在台州国清寺出家，拜法空一本为师，法号道济。此后，他来到了临安城，拜在灵隐寺瞎堂慧远座下，慧远禅师为济公授具足戒。虽说授了具足戒，戒条很多，但济公却不像大家印象中的出家人模样。他经常穿着破烂的袈裟，戴着个烂僧帽，手拿一把破蒲葵扇，衣服虽破却不肮脏。他既不念经，也不打坐，整日就出寺云游闲逛，喜欢打抱不平，赈济贫苦人家，深受老百姓的喜爱。有人看他衣服破烂就施舍衣服给他，可他转眼就送到酒保那里抵酒钱。寺里有个僧人，年纪很大，又有病，济公会为他送药。种种善举，数不胜数，老百姓都叫他"济公活佛"。但在寺里，他却成了被排斥的对象，好多和尚到慧远禅师那里去"告状"，说道济老是破戒，最要命的是吃酒吃肉，连狗肉他都吃，这哪像僧人啊？也太不像话了，要驱逐出寺才行。慧远禅师却说："佛法无边，难道我们这么大个灵隐寺，就容不下一个癫僧？"此后，就没有人敢去说济公的坏话了。

慧远禅师圆寂之后，灵隐寺庇护济公的人不在了，济公也没法待下去，只好在嘉泰元年（1201）来到净慈寺，拜该寺第二十代住持德辉禅师为师，升座为书记（即佛寺西序六头首之二，负责文翰事务），僧俗四众称之为"济书记"。别看这位济书记平时疯疯癫癫，可是诗文确实一流，比如这一首：

五月西湖凉似秋，新荷吐蕊暗香浮。
明年花落人何在？把酒问花花点头。

这首《绝句》与杨万里送别林子方的诗可称双璧。济公到净慈寺时已经五十三岁了，可是他的性情一点没变。嘉泰四年（1204）的农历六月初三，济公喝了不少酒，在香积厨醒心井旁的石凳上睡觉，突然间大喊起来：

"无明发！无明发！"然后就起来往外走，众僧面面相觑不知何意。济公走到山门口，见当天来进香的人不少，他醉眼迷离，手搭凉棚向山门外一望，只见有一位身穿绛色衣裙的姑娘长得风姿绰约，十分惹眼。那姑娘就像风一样，转眼间，就到了山门。正要进门，绛衣姑娘面前突然出现一把破扇子。拿着破扇的济公说："这位姑娘，且慢进。"姑娘生气地说："今天我特来上香，为我爹妈还愿，这佛门广大，怎么不能进了？"济公笑道："别人能进去，你却不能进。"姑娘涨红了脸，一张红脸和绛色的衣裙相映，更是耀眼。旁边的香客们都说："这姑娘又没做什么，这和尚好不晓事，竟拦着不让进。"外面聚集了不少人。这样子把监寺也惊动了：群体性事件，不处理好的话，会影响寺庙的形象啊！监寺就对济公说："我看这姑娘没什么问题啊，你怎么不让她进门？我佛慈悲为怀，岂能如此？"济公说："放她进去，你说是有寺还是没寺？"监寺大包大揽地说："我来打包票，没事。"济公无奈，只好说："你说没寺的，那我就放进去了哦。"其他人跟着起哄："放进去！放进去！"

那姑娘就进了寺里。济公醉醺醺地，往寺旁的树林里躺下，一会儿就睡着了。到了下午，净慈寺却着火了，那火势凶猛，火焰一蹿老高。只听见人的喊声，火借风势的呼呼声，一直闹腾到第三天，寺庙基本被烧毁了。大家都痛心疾首，只有济公笑嘻嘻的。方丈说："道济，这寺庙被毁，你不心痛倒也罢了，怎么倒还幸灾乐祸呢？"济公指着监寺说："这火殃进门，本来被我拦下了，是他说了没寺的。况且已经烧了，此时说什么有用吗？"监寺感觉"祸从天降"，无限委屈地说："小僧哪里知道那就是火殃啊！"实际上这绛衣女子是"火殃"的说法，早在两年前就曾传闻过，即嘉泰二年（1202）六月，循王张俊的府邸发生大火，过了十来天，市井街坊的居民都传言说，火灾前曾经看见有绛衣妇人进入府中，这就是火殃下坠——火灾的征兆。这一说法曾令临安城里的百姓惊恐不已,有些胆小的人搬出城去,官府赶紧出榜文禁止这种言论的传播。关于"火殃",其实在唐代就有这样的说法,唐代张鷟《朝野佥载》卷二就记载:"开元二年,卫州五月频有火灾。其时人尽皆见物大如瓮,赤如灯笼,所指之处,寻而火起,百姓咸谓之'火殃'。"按科学的道理,所谓"火殃"不过是古人的臆想,对这些传说与附会,需要读者仔细加以辨别。

方丈心里明白不是监寺的错,就说:"既然本寺有此一劫,也是因果注定。现在大家想想办法如何重建才是。"商量一阵,大家的一致意见是重修本寺,首先要找到大木头,这可难倒了整天打坐念经的僧人们。大家面面相觑。济公笑嘻嘻的,看众人都不开腔,就说:"要的木头,我来化缘吧。"大家一听,有点不相信,他一个人,要化缘这么多木头,如何办得到?方丈却对济公说:"那这个事情就交给济书记来办了,需要谁帮忙,你尽管说就是。"济公笑道:"不用,我自己就行,你们找好工匠,我就把木头化来。"于是摇着破扇子就出了门。管事的僧人忙着处理火灾后的事宜,也不知济公疯疯癫癫的样子,能不能把木头化缘回来。

济公出了山门,在一个僻静的地方,用扇子对着石壁扇了几下,说声"到峨眉山",眼前就起了一阵云雾。云雾过后,石壁上出现一道门,济公推开门,眼前是一座高耸入云的大山,山门上几个字"峨眉山"。他知道已经到了四川境内,这峨眉山乃是普贤菩萨道场,非常灵验。于是使出神通,转眼间到了洗象池,传说这里是普贤菩萨的洗六牙白象的地方,四周祥云袅绕,仙鹤翱翔,白猿跃枝,风景十分美丽。济公也没有心思欣赏山景,跪在普贤菩萨塑像前,心里默默念道:"菩萨啊,您提醒我净慈寺将遭火灾,是我没能阻止火灾发生,现在我来四川化缘木头，这叫我哪里去找呢？"塑像当然不能开口。济公就坐在地上，似睡非睡。这时，门外几个游客在说话，其中一个说："峨眉山乃佛家圣地，你看看这树木，都像带着仙气。"另一个却反驳说："这峨眉山的树虽是高大，可和黎州（今四川汉源一带）那边的比起来还是差了很多，那边的树，都是楠木、杉木，砍下来之后，顺水冲到长江，修皇宫用的呢！"济公心里明白，这是普贤菩萨借游客的嘴向自己传递信息，于是就站起身来向菩萨躬身致谢。然后神通一现，就到了黎州。四处一打听，这边确实有个"皇木岭"，山上尽是大树，是属于当地一个财主的。于是济公赶到皇木岭，找到这个财主，说想向他化缘一点木头。这财主就说："和尚，我听你口音，来得很远，不知你要化缘几根木头呢？"济公笑嘻嘻地说："施主能施舍修庙，乃是大功德啊！贫僧不要多了，只要我身上的袈裟能包住的木头就行。"财主一听，觉得这个和尚有点好笑，袈裟才多大，能装几块柴火就可以了，哪能说到修庙的事？于是就说："好，我就施舍一袈裟可以包完的木头给你。"济公说："佛菩萨在上，不能反悔哦。"财主笑道："我也是当地有头有脸的人，话说出去了，焉能反悔？"

济公就请财主带他到山上，看着满山又高又直的树木，济公哈哈一笑，说："不能反悔哦，我要用袈裟包了。"财主说："不反悔，不反悔！"就只见济公脱下破破烂烂的袈裟，迎风一晃，说声"大！"，那袈裟就迎风越变越大，好像遮天蔽日一般，向山上飞去，一下就把整座山的树全都包住了！财主一看，眼前的哪是凡人，是真活佛啊，于是跪倒在地，说："小人有眼不识泰山，不知神僧驾临。小人情愿把木头施舍出来修庙用。"济公忙扶起他说："其实我只要一百根就行，你这个功德做得可大了。"财主说："听凭神僧吩咐就是。"

济公把手中的破蒲葵扇一挥,那片树林的树就倒了一百根,再一挥,树上的枝丫自动掉下。又一挥,木头纷纷滚落山下,到了山下的河里,再顺着水流,漂到长江,那时有很多在江上放木头的,上面都做有标记。这些木头上都写着"净慈禅寺",济公提前赶到大运河与长江交接的地方,等木头都到了,他将破扇子挥一挥,木头都转往大运河里,直往临安漂去。

快到临安的时候,正遇收税关卡,收税的人非要向济公收这些木头的税。济公倒是没有料到还有这个磨难,就说:"这是重修净慈寺的木头,都是化缘而来的,不是做生意,哪有钱来交税?"收税官员就说:"这不行,只要从我门前的运河上面过的,都要交税。"济公就说:"那要是从水底下过呢?"收税官员说:"水底下走,当然不用交税。"话音刚落,济公破扇一挥,木头竟全都沉下水去了,踪影全无,把几个官员看得目瞪口呆。济公说:"这下不交税了嘛,那我走了。"那几个收税官员只好点头。济公上岸回到寺里。

净慈寺被烧的废墟看上去仍然令人心酸。大片的废墟上,已经有工匠在做工了。见济公两手空空回来,也不说木头的事,有些僧人就打趣说:"济书记,你化缘的木头在哪里呢?"济公笑道:"今晚就到了。"众人一阵讪笑。

半夜时分,月亮非常明亮,这时,济公在醒心井旁边大喊:"快来拉木头啊,快来拉木头啊!"声震湖山。一些僧人以为他又发癫了,索性不去管了。一些僧人和匠人则从搭建的简易房子里出来,跑到醒心井边。这时大家都惊呆了,只见醒心井就像沸腾了一样,往外冒着水,一根木头赫然竖在井里!大家都看蒙了。济公在旁边说:"怎么愣着啊?快拉出来啊!"大家才想起找来绳子,

运木古井

一起使劲,把木头拉了起来。这时井里一阵响,又一根木头冒了出来。就这样接二连三,济公在四川化缘来的木头一根根出现,僧人们在寺庙被毁之后,脸上好久没有笑意了,这下看到这么多木头,都喜滋滋的。这时,济公在旁边问了一声:"够了吗?"旁边一个木匠见那边的木头堆起很高,加之见识了神奇的事情心里有点激动,于是随口说道:"够了!"就像突然断电一样,最后一根木头就卡在井里,无论怎样都拿不出来了。

据南宋时曾驻锡净慈寺的高僧居简禅师所著《北涧集》中《湖隐方圆叟舍利铭》一文,济公还有"湖隐方圆叟"的别号。该文记载,济公于嘉定二年(1209)五月十四在净慈寺圆寂。济公圆寂并荼毗之后,他的舍利子晶莹剔透。"邦人分舍利,藏于双岩之下。铭曰:璧不碎,孰委掷,疏星繁星烂如日。鲛不泣,谁泛澜,大珠小珠俱走盘。"

后来,这口醒心井就被叫作"通江井""神运井""运木古井",平时游客前去游玩,都要去看看这口济公施展过神通的神奇古井,看看那根古木还是不是仍在井里呢。

济公的传说是杭州文化的重要组成部分,表达了百姓对这位喜欢惩恶扬善的僧人的爱戴,但其中的神话部分,需要辩证来看,这也是杭州文化最有魅力的地方。

运木古井小档案

净慈寺,又称净慈报恩光孝禅寺,位于杭州西湖湖畔南屏山,西湖历史上四大古刹之一。运木古井也叫运木神井,在净慈寺的香积厨外。

参考文献

〔元〕脱脱等:《宋史》,中华书局,1985年。
〔明〕田汝成:《西湖游览志》,上海古籍出版社,2017年。
朱承斌文,施大畏绘:《西湖景点故事》(绘本版),浙江人民美术出版社,2016年。

第六章　要留清白在人间——明代古井

君不见城边古井荆棘荒，沙崩雨塌官道傍。当时碧甃映朱阁，黄金阑干银作床。美人铜瓶响哀玉，宁知委弃同悲凉。梧桐花干藓花涩，鹭鹚侧窥蚯蚓入。百丈寒泉尚堪饮，心长绠短空愁立。

——〔明〕何景明《古井篇》

忠臣于谦用忠泉的水泡过茶
——于氏古井

"让一让，让一让，马来了！"热闹的大街上，突然出现一匹黑马。马跑得并不快，但对于摩肩接踵的街道来说，却是十分危险，大家赶紧往旁边躲，一下让出一条道来。黑马一闪而过，街坊们一看，骑着黑马大叫让路的竟是个七八岁的小孩子。大伙儿气炸了：这是谁家干的好事啊！这么大胆，居然敢让一个小孩子骑着马，在大街上乱窜，要是撞着人，或者跌下马，那可不是闹着玩儿的哦！

黑马沿着御街向前奔跑，到了清河坊，往大井巷一拐，就去钱塘第一井那里。一个正在打水洗菜的妇女喊："于谦，你小心着啊，别摔了！"于谦大声说："摔不了，张大婶，你到我家来洗菜啊，我家的井水可清了！"张大婶说："我不去，你家那井哪有这大井宽敞啊！"于谦对答之间，拉马折转身，黑马慢慢踏着小碎步，往太平里这边而来。到了一家门口，把黑马拴在门前的拴马桩上。一个三十多岁的男人站在门口，脸有怒容。于谦向他鞠躬："父亲！"其父说："于谦，你刚刚学会骑马，我让你骑着慢慢走，你倒好，一阵疯跑。要是撞着人，为父岂不是要去衙门顶罪？"于谦忙跪下："让父亲担心了，孩儿下次不敢了。"他父亲却直摇头。

"我看这孩子，小小年纪，就胆大心细，长大后是可造之才。"旁边的一位为人代写书信的张大爷笑道，"小于谦，我出个对子，你来对，要是对上了，我就请你父亲宽宥你。"

小于谦一下来了兴趣，乌黑的眼珠滴溜溜乱转。张大爷说："听好了——红孩儿，骑黑马游街。"那天于谦正好穿着一身红衣裳，红通通的很是喜庆。

小于谦眼珠转了一阵，朗声对："赤帝子，斩白蛇当道！"此联一出，不但让张大爷吃惊，而且把于谦的父亲于仁（字彦昭）也吓了一跳。这用的是汉高祖刘邦斩蛇起兵，后来夺得天下的典故，实在是霸气十足。张大爷只有叹服，连声说："这个孩子，将来可不得了！"

但是最感到惊奇的是于谦的父亲于彦昭。因为在上

于谦故居

一年，也就是明永乐三年（1045），于谦才七岁时，一天，一位游方和尚经过这里，进来化缘，要一钵水喝。于彦昭本就是乐善好施之人，忙从里屋倒来龙井茶。没想到，和尚却不喝这龙井茶，他看着院子里的一口古井说："贫僧不惯喝茶，这口井一定寒冽非常，贫僧观之，与钱塘大井一脉，贫僧也当如德韶禅师具足勇猛精进之心，证得无上菩提，请化一钵井水就好。"于彦昭赶忙到井边，打了一桶水起来，倒进和尚的钵盂中。这时，于谦从里屋出来，站在和尚面前，看着和尚喝了一口井水。和尚一口水下腹，感到此水刚冽清凉，好像把五脏六腑的火气都消融掉了，心里一片光明。这才注意到面前的于谦，和尚见这孩子神色肃穆，眼神炯炯，骨相清奇，不禁大赞道："施主，这位公子真是好相貌。好好培养，将来能为国为民做好事啊！"于彦昭谦虚几句，但对于谦的管教更严厉了。

于家祖上也算官宦之家，原居河南，太祖于伯汉先居山西后迁至苏州，高祖于夔仕元为官。于谦的曾祖父于九思任杭州路大总管，遂迁居杭州钱塘县太平里，祖父于文明在洪武年间任工部主事，到了于彦昭这辈，他无心仕进，就在杭州守着祖业过日子，虽然不是大富大贵，但也能维持小康水平。于谦的出生，给这个家庭带来了欢乐。

让家里的仆人把黑马牵走后，于彦昭就和于谦进屋，于谦端起桌上的茶杯喝了几口茶，又对着墙上的文天祥画像拜了几拜，就对父亲说去习字了。于彦昭点点头，看着于谦小小的身影，他还想起了另一件事：洪武三十一年（1398）于谦出生的前一晚，那时已是仲春时节，杭州城里家家户户都种花，晚风一吹，花香浓郁。夫人刘氏已到了临盆时节，稳婆也接到家，家里的女眷忙忙碌碌。于彦昭虽是一家之主，却帮不上忙，心里有点焦急,只好在院子的老井旁喝茶,浓浓的花香就像醇酒,让他很快睡着了。迷糊中,一位身穿红袍,头戴金色幞头,官员模样的人来到面前,于彦昭见他器宇轩昂,便躬身施礼。那官员说:"我是文天祥,你们于家时时侍奉我,而且甚于自己的祖先,我很感念你们这份真诚啊!"于彦昭惶恐逊谢:"丞相忠义格天,令人景仰。"正待下拜,却一头撞在桌上,一下就惊醒了。这时,里屋传来婴儿洪亮的哭声,一个丫头跑出来报喜:"老爷,夫人生了个公子!"于彦昭心里乐开了花。

于彦昭给儿子取了"谦"作为名字,表明"有大者不可以盈,故受之以谦""谦谦君子,卑以自牧"之义。对于谦的教育也提早进行。因崇拜文天祥的忠义,家里悬挂着文天祥的画像,小于谦每天晨起,必须在文天祥的画像前拜祭。到了六岁,于彦昭就送他读私塾,自己时常给他讲文天祥的英雄故事,小于谦每每听到文天祥慷慨就义之时,就不禁会泪流满面,和父亲一起朗诵"人生自古谁无死,留取丹心照汗青"的诗句。他们还去岳庙瞻仰岳飞塑像,吟诵岳飞的名篇《满江红》。于彦昭经常用祖宅的老井教育于谦,做人要像这井水一样,虚怀若谷,清白做人,还教会于谦骑马,练武强身。小于谦的心里,播下了为国为民的种子。

随着岁月推移,小于谦也渐渐长大,他和一拨同龄人常常去吴山三茅观学习,通过爬山强身健体。在此期间,他写下了著名的《石灰吟》:

　　千锤万击出深山,
　　烈火焚烧若等闲。
　　粉骨碎身全不怕,
　　要留清白在人间。

这首诗,充分表达了他的崇高志向。十五岁时,于谦考取县儒学生员,他博览群书,尤其对历代名臣、忠臣的著述十分着迷。十七岁去考举人却落了榜,于是每天在家里的古井边刻苦读书,二十岁时以优异的成绩考取了县学廪生,成为拿"奖学金"的生员。二十三岁中举,次年入京会试,名列第一。永乐十九年(1421),他在殿试时因策论中有句子伤时感事,有针对朝政的问题,

于氏古井

本来应该是状元的，却只得了三甲第九十二名，后任山西道监察御史。"但愿苍生俱饱暖，不辞辛苦出山林"（于谦《咏煤炭》），他由此开始了三十六年波澜壮阔的为官生涯。在任地方官期间，他兴修水利、筑路铺道、植树挖井、贷粮济贫、施药救难……而且他为官十分清廉，就像他故居里的井水一样，清清白白，润物济民。"清风两袖朝天去，免得闾阎话短长"——实现了他当年立下的为国为民的誓言。

于谦在二十一岁那年娶书香门第的董氏为妻，董氏"柔惠静嘉，孝友敦睦，称贤内助"。但董氏常年辛劳操持，终于因病去世。彼时，四十九岁的于谦正在巡抚河南、山西，既无法床前照料，也没能赶上最后的道别。他痛不欲生，写下了很多悼亡诗，并发誓至死都不再续弦纳妾。在日理万机之余，曾因父母去世，两次短暂回杭州故里治丧。在杭州的祖宅，他和院内的老井再次见面，后来还写下了一首《寒夜煮茶歌》，虽然不能确定就是在祖宅所写，但其中"一瓯啜罢尘虑净，顿觉唇吻皆清凉"之语，应该喝的就是用自家的老井寒泉。

于谦遇害之后，世人都知道他冤屈。明成化二年（1466），于谦案得以昭雪，故宅改建为怜忠祠，以资纪念。这口老井，也被人称为"忠泉"。直到如今，忠泉也未干涸过，还用盈盈甘洌的清水，提醒着人们，过去，有一位爱民的大忠臣曾经生活在这里。仔细听，可能还能听到院子里琅琅的读书声呢。

于谦故居忠泉井小档案

于谦故居忠泉井位于杭州清河坊祠堂巷 41 号于谦故居内。其井圈原存于三台山于谦祠，1989 年修复于谦故居时移至此。

参考文献

〔清〕张廷玉等：《明史》，中华书局，1974 年。
杭州市人民政府城市管理办公室、政协杭州市上城区委员会编著：《杭州的井》，中国美术学院出版社，2010 年。

修拱宸桥时的生活用水从哪里来？
——拱宸桥西老井

明崇祯四年（1631）七月十七日夜，湖广一带发生了地震，杭州也有震感。第二天一早，大运河两岸的船工、小贩、车夫各色人等，都纷纷跑到才竣工不久的拱宸桥边，查看这座桥是否经受住了地震的考验。众人看到眼前这座规模宏大的木拱桥依然屹立在运河之上时，悬着的心才放了下来。

清晨，停泊在码头边的大小船只上也开始热闹起来，但一部分人还不愿离去，大家说，这桥还挺结实，要是震垮了，河两岸的人就又不方便了。其中一个瘦瘦的小商贩说："震垮了，祝举人和夏掌柜怕是要哭哦。"大家都点头说："这是肯定的了，他们为这座桥出力最多。"瘦子又说："前年，一个风水先生路过，就说这里修了桥，本是好事，但这水底的龙王岂能随便惊动的，大家以后过这桥，都要闭紧嘴巴，不能说话。前些天就有人不照这个来，你看昨晚就来了地龙翻身。"旁边的人都笑道："杭州这么多桥，谁听说过走哪座桥要闭着嘴巴，那不成了哑巴桥了？你完全是胡扯。"瘦子急道："你们没见北新关那边有个哑巴弄吗？"

"那叫夏罢弄，是纪念本朝成化年间的大理寺卿夏时正大人的。成化七年（1471），江西大灾，夏大人到江西巡视，豁免税收十余万石，放粮救济饥民三十三万户，裁减官府徭役数万人，还一口气罢免了渎职官吏二百余人，并命有司兴学劝士，真是大功德啊！夏大人得罪权贵罢官之后，就回到我们仁和县，他住的地方大家就称为夏罢弄，这时间一久，就被讹传成哑巴弄了。真是荒唐！"一个洪亮的声音响起，大家一看，原来是带头修拱宸桥的祝举人祝华封。瘦子忙说："祝老爷说的肯定就是这样了，但一般人哪里知道？都叫哑巴弄呢。"众人笑道："你这么多话，当心来世变成个哑巴。还不快去桥西老井舀瓢水漱漱口。"大家喧闹一阵，都散开了。

　　太阳渐渐升高，虽快要立秋了，但天气还非常热。祝华封走进桥西的一个茶馆。祝华封是个长相清瘦，文质彬彬的中年人，穿着青色圆领袍，头戴着一顶大帽。看到祝华封进来，茶博士忙喊："举人老爷来了，请上座。"祝华封找了个靠窗的座位坐下，运河的风从窗外吹进来，带走脸上的汗液，留下一丝凉爽。茶博士问："老爷是喝什么茶？"祝华封笑骂道："你这小厮，我这几年都在这里修桥，哪次不是明前龙井，用老井的水来冲泡？"茶博士忙赔笑："老爷，小的说顺嘴了。这就给您泡茶来。您看嘛，这些年您在这里领着大伙修桥，为了工匠们吃水方便专门疏淘了我们附近的老井，现在我们店里的茶，那味道好多了。"祝华封说："别在这里多嘴了，快去泡茶来，没看我在冒汗吗？"茶博士忙去泡茶去了。一会儿工夫，在茶博士端着龙井茶过来时，夏木江掌柜也赶到茶馆。

　　夏掌柜矮胖的身材，和祝华封形成了鲜明的对比。他还没坐下，就说："祝老爷，让您久等了。昨晚地动，可把我急坏了，一早就往这边赶。还好，这桥还稳稳地立着。"边说边让茶博士给他也来一碗龙井茶。两人就开始小声聊着这场地震和陕西、福建的民变，聊到了这座桥以及桥西的这口井。

拱宸桥所在的地方，是京杭大运河到杭州的末端，到了这里，就可以说到杭州了。往南的江涨桥一带，隋唐以来，为码头区，宋时设江涨东市、江涨西市、湖州市，并设丰储西仓、端平仓等粮仓。宋代曾设北郭市、半道红市、米市，明代增设夹城巷市、宝庆桥市、德胜桥市，渐成一片街市。每至夕阳斜照之时，到处帆影桅樯，百货杂陈，人来人往，如元宵灯市之景象，元人题为"北关夜市"，明代有"十里银湖墅"之称，为著名的钱塘八景之一。至迟在明宣德四年（1429），朝廷在拱宸桥桥址以南的北新桥上设置北新关，最早用于收取京杭运河上的船税，关初设时桥东北方即有几间小屋作为钞关公署[1]。船只沿着运河而下，长途奔波，快要通关查验了，需要整修，船员们也要放松一下，北上的船要补充人员和给养，也需要在出关之后做短暂的停留。因此，在拱宸桥桥址的两岸，逐渐形成了码头，而两岸的商贾看到了商机，从仓库、堆栈、客栈到餐馆、茶馆、澡堂、成衣店等就逐渐占据了两岸，以西岸最为繁盛。每天南来北往的船只上下来的船员和客商们，都要到这些地方消费，到了傍晚，也有一点北关夜市的感觉了。

拱宸桥所在的地方为大运河地势开阔处，"圣湖（西湖）、苕川（苕溪）之水汇注于关河，由此宣泄"，而古代运粮漕船于此出入，百姓商贾民船之所来往，因河面开阔，一旦起风，容易引起撞击。另外，堪舆家的说法也起了很大作用，"术家又言，省会地气，向东南而趋西北，直泻不留，不可不有以锁镇之相。厥地形为扼要处所，则拱宸桥以宜亟建也"（〔清〕章藻功《拱宸桥记》）。于是当地士绅、商贾就起了修桥的念头。在这里修桥，河面宽，水流急，材料和工费肯定不菲。最后，

[1] 明正统四年（1439），朝廷为扩大税源，改善纸币大明宝钞的流通，在运河沿线陆续设置钞关，由于过关税费只能支付宝钞，因此这些关口也被称为钞关。

当地人都推举举人祝华封来领头募集资金修桥。

祝华封在当地颇有名望，他以前就认为有建桥之必要。接受任务之后，就赶往城内，找到修桥的工匠，进行咨询。大家觉得没有官府的参与，仅仅靠募捐修桥，资金必然很难宽裕，要修建坚固耐用而造价高昂的石拱桥是很困难的。最后得出结论，还是建一座木拱桥。对于繁忙的大运河航道来说，木拱桥的修建也很费思量，祝华封又找来建木桥的高手，要求既能保证运河通航，又能便于两岸通行，几经踏勘、商议，"掌墨师"设计了木拱桥的样式，给出了一个预算。

祝华封看这个预算，心里也直打鼓。这天，他来到运河边，看到河岸两边逐渐兴起的集市，更加觉得这里修桥的重要性。可是就算自己出一部分钱，再让发起的士绅们也出一部分，还是离预算差得老远。正在惆怅之时，旁边一声"祝老爷"的叫声让他回过神来。一个身材矮胖，脸上却像永远挂着笑的商人站在面前，这人就是夏木江。

拱宸桥西老井

夏木江是做木材生意的，而且把这门生意做得挺红火。见祝华封皱着眉头，就问是何事。祝华封就把修桥的事给他说了。没想到夏木江一拍大腿说："祝老爷，你这事都不来找我，我就做木材生意，这些年也积攒了一些钱。以前父母总要我多做善事，这修桥补路的善事要算我一份。您说，要我出多少？我先出三千两！我还去我们行会，让大家都来捐钱。"祝华封一听，感到喜从天降，忙拉着夏木江说："夏掌柜，你是大善人啊！回头约个好时间我请你喝茶。"

这会儿，夏木江端着茶碗，吹开浮在面上的茶叶就喝了一口。祝华封一看这茶水，哪有在其他地方喝过的龙井茶的样子。茶叶倒也翠绿，只是泡出的茶水却黄中泛黑，闻着就有一股怪怪的味道。祝华封就喊茶博士过来问："你们这什么茶，这么难看又难喝？"茶博士一脸委屈地说："祝老爷，不是小的不给您好的茶，只是这里的水泡出来就这样子。"祝华封说："这么大一条运河从门口流过，还说没好水？"茶博士就说："这运河里每天太多的船只和人，垃圾、粪便都往里面丢，那水谁敢喝啊？用来泡茶的水，是附近的一口井里的，只是这口井当年就挖得浅，近年来没人管，泉眼堵塞，加上外面的雨水渗进去，这味道肯定就差了。"祝华封和夏木江听了这话，都沉默下来。夏木江就说："要修桥，还得先把这口井疏淘、整治好了，要不修桥的工匠来了，那是要闹起来的。"

有了夏木江的三千两白银，修桥的工作推进就顺利多了，祝华封把捐款的消息放出去，不少人看到已经有人捐了这么大一笔钱，这桥肯定能够建成，于是也纷纷捐款。两人商议，由祝华封去和修桥的工匠们沟通，请他们早点定好时间。夏木江还捐出部分木材，作为修桥的材料。

夏木江去找疏淘老井的人，他是商人，做事非常迅速，两天就把人找到了。到了那口井边一看，情况比想象的还糟糕。井台破败，连井圈都不知道去哪儿了。井壁上长满了青苔和杂草。往下面一看，只能看见一潭死水。下到井底清淘，淘出来的东西千奇百怪，旧的吊桶、菜刀、磨石、算盘珠子、破碗、断勺……在把井里的杂物淤泥清理干净之后，工匠发现，井底的泉眼开始汩汩往外冒水了。这水拿到茶馆烧开泡茶，香气扑鼻。茶水提到了淘井现场，大家都很高兴。夏掌柜就让工匠们把井台重新筑好，还请人用整块青石凿了一个井圈，当井圈放到井上时，当地的贩夫走卒们都拥了过来。大家都兴高采烈——终于有好水可喝了。

等到修桥的工匠们来到桥西，搭好工棚，开始拉大锯解木料的时候，这口井因泉眼疏通，井水非常清澈、好喝，负责为工匠们煮饭的厨师每天就从井里打水，用来煮饭、做菜。工匠们吃着香喷喷的饭菜，喝着热腾腾的茶水，修桥的进度也快多了。而当地的居民也是把这口井当作宝贝，无比珍惜。

经过几年的筹备和修建，一座巍峨的木拱桥耸立在大运河上，由于采用了《清明上河图》中虹桥的"编木"方式，这桥能够经久耐用。桥拱之下，可以行船，只要放下桅杆、风帆，就可以航行。又因为拱形像两只拱着的手，向着北方皇帝的方向，就取《论语》中"为政之道，譬如北辰，居其中而众星拱之"的意义，取名为拱宸桥。当然，木质的拱桥的耐用性始终是不如石拱桥的，清顺治八年（1651），仅使用了二十年的拱宸桥就坍塌了，之后的六十余年都没有人来重建。康熙五十年（1711），浙江布政使段志熙倡议，云林寺僧慧辂募款重建。但重修三年方成的拱宸桥，不久又现裂缝，渐渐坍塌。雍正四年（1726），新任浙江巡抚李卫再次率属捐俸重修，把桥加厚加宽各二尺，并作《重建拱宸桥记》。中日甲午战争后，清政府与日本签订了《马关条约》，杭州开为日本通商商埠，拱宸桥地区沦为日本租界。当时日本人在桥头设立洋关，为方便汽车和人力车通行，在拱宸桥桥面中间铺筑了混凝土斜面，对古桥的风貌造成了严重破坏。中华人民共和国成立之后，桥两边兴建了很多工厂，到现在，这一片已经建起了大运河博物馆，桥西开辟成运河文化街区，吸引着各地的游客。

不管拱宸桥经历了多少沧桑变迁，桥西的老井却依然存在，依然以自己香甜的井水哺育着附近的居民。现在它已经被列入运河文化街区的景点，被保护起来了。人们还记得祝华封与夏木江两个为修桥、淘井做出贡献的古人，尽管他们的事迹在古籍中的记载并不一致：据清代《康熙杭州府志》记载，拱宸桥由明末商人夏木江提议修建，但清代杭州府学训导陈锦藻的《北关杂记》及清代郑澐修的《杭州府志》又记载，此桥修建为明末举人祝华封首倡。

拱宸桥西老井

拱宸桥西的老井位于杭州拱墅区拱宸桥西历史文化街区吉祥寺巷，井圈为六角形，过去是当地居民的饮用水井。现在专门修建一个小"三合院"对其进行保护。

参考文献

  杭州市人民政府城市管理办公室、政协杭州市上城区委员会编著：《杭州的井》，中国美术学院出版社，2010年。

第七章
古井里装满了高官富商的沉与浮
——清代古井

正是辘轳金井,满砌落花红冷。蓦地一相逢,心事眼波难定。谁省?谁省?从此簟纹灯影。

——〔清〕纳兰性德《如梦令》

多口井也难灭火，二十卷书被烧掉
——四牌楼和十五奎巷古井

杭州的四牌楼与相邻的十五奎巷，在南宋时期是瓦子众多，热闹非凡的地方。四牌楼的得名是因为这里曾有四座牌坊。最早的是明弘治十年（1497）巡盐御史姚寿建的"忠节坊"。后来明嘉靖十六年（1537），御史周汝员建四贤祠，祭祀伍子胥、褚遂良、岳飞、于谦四位贤人。后来清代官吏又兴建了两座石牌坊，镌刻当时旌表的忠孝节义之人的姓名。十五奎巷的名字据说有两个说法：一是说巷内徽州会馆有一大石龟，俗名石乌龟巷，因嫌其不雅，改称十五奎巷。另一说是，明嘉靖年间，巷人多习骑射，科举考试时一举得十人，故称十武魁巷，谐音读成十五奎巷。这一区域有不少古井。因为都在吴山山麓，这些井的水量丰沛，为当地居民的生活带来了极大的方便。清道光二年（1822），杭州知府德庆所撰的《重修吴山节孝祠碑》中，就有"鸳蜕珠奁，古井翻澜"的文字。其中的瑞石四眼井，现在居民们还在用井水洗衣淘菜，另外的还有"公益社义井"，四牌楼43号的老井，十五奎巷的四眼井，传说当年的十位"武魁"就是常喝这里的井水，才身强力壮，屡夺魁首。

这里水井虽多，但并不能阻止火神祝融屡次光顾，这里就引出一个故事来。

清雍正三年（1725）秋天，杭州玉皇山麓，成队的官兵和百姓在忙碌着，他们正准备把七口硕大的铁缸运往山上。玉皇山并不高，但满山树木葱茏，沿途怪石嶙峋，每口铁缸少说也有好几百斤，要靠人拉肩扛搬上去，谈何容易？钱塘县令在下面指挥，累得一身是汗。这时，一个兵士跑过来，请安后说："县令大人，中丞大人催您快点，这个进度，只怕赶不上明天的吉时呢。"县令忙说："请上复中丞大人，下官保证误不了明日吉时。"马上转身，指挥军民，赶紧搭好滑道，开始搬大铁缸。

浙江巡抚李卫听到兵丁汇报，端起茶喝了一口，看着衙门里的众位官员说："各位同僚，不是本抚如此催促，实在是杭州火灾多发，不得已而为之。据我观之，这吴山一带，为离龙之首，本宜于安居，但百姓人等，随意动土，妄触火龙，圣祖康熙爷时，杭州竟走水（失火）十一次之多，每次都是成片烧毁，好不痛心。为此，本抚请教高人，用这坎制离之义，在玉皇山上按北斗方位，排好七口铁缸，外铸符箓，缸里装满清水，以厌制火龙。"

众官员都齐声说："中丞大人为杭州着想，实为百姓之福。"

第二天正午时分，七口铁缸摆在玉皇山的山腰，装满水后，就像七面明亮的镜子，倒映着苍天骄阳，发出金光。那天的仪式进行得非常顺利，场面热闹非凡。其中有一个相貌清秀的读书人也参加了仪式，这个人就是居住于吴山下的金志章。金志章，字绘卣，别号江声，初名士奇，字道园，生于康熙二十九年（1690）。金志章家庭比较殷实，自幼就受到良好的教育，他也把求取功名作为自己的奋斗目标。他读书刻苦，是个货真价实的"学霸"，前期的考运很好，到雍正元年（1723），在乡试中考出了好成绩，成为举人老爷。这可不得了，

瑞石四眼井

这一片的街坊都被轰动了。这一年的九月初五，又赶上皇帝颁诏，在四贤巷修建节孝祠。这两个事情对街坊们来说，都是茶余饭后的重要谈资。金志章被邻居们看好，觉得他是能够蟾宫折桂的人物，他也大大地风光了一把。

当天，金志章被邀请"观礼"。看到七口大铁缸被吭哧吭哧搬到山腰，摆成北斗的样式厌制火灾，众官吏都诚惶诚恐地在李卫的带领下焚香祭祀，他心里有点觉得滑稽。因为，金志章看过前辈学者毛奇龄的《杭州治火议》，毛奇龄曾在文中详细分析了杭州容易发生火灾的原因主要有三点：其一是建筑物以使用竹木为主，这些竹木结构的房屋成片地连接在一起，又是使用烟灶，起火的概率很高；其二是很多从事餐饮行业的小商小贩，用火的频率高，而且多在夜间营业，更增大了风险；其三是杭州的民间风俗夏天燃蚊烟，冷天烘草荐，还有各种法事通宵诵经，这个过程也很容易产生火灾。了解了这些原因，三十五岁的金志章对李卫的这个镇火仪式很是不以为然。他心想，自己居住的四牌楼一带，就有好几口井，出水量大，而且家家户户都自备了大水缸，这样的"厌胜"巫术甚是荒唐。下山后，他径直往自己当塾师的地方——著名文人和藏书家、"玉玲珑山馆"主人龚翔麟家去了。龚家藏书甚富，金志章在当塾师的时候，不但可以尽读龚氏藏书，还能和龚翔麟一起探讨，由此学问大进。

金志章才华横溢，很想出仕做一番事业，然而，就在李卫这七口大缸摆到玉皇山之后的第二年，即雍正四年（1726），浙江却接连出了两件大事，使金志章的考试之路被耽搁下来。一件是曾任年羹尧幕僚的杭州人汪景祺的《西征随笔》，谀称年羹尧为"宇宙之第一伟人"。内有诗句"皇帝挥毫不值钱"，意在讽刺康熙帝之书法等等，被定为大不敬罪，并指为年羹尧同党，被枭首示众，脑袋被悬挂在菜市口的通衢大道上，一挂就是十年。另一件是内阁学士，后兼礼部侍郎的浙江海宁人查嗣庭，在出任江西乡试正考官时，取《易经》中的"正大而天地之情可见""其旨远，其辞文"及《诗经》中"百室盈止，妇子宁止"为试题。雍正帝将试题中"正""止"二字联系起来，指其攻击雍正之"正"字有"一止"之意，实属"心怀怨望，讥刺时事"。后来又查到查嗣庭的日记，里面有些"悖逆"之语。过了一年，查嗣庭被枭首戮尸，其子查潭应斩监候，家属流三千里，家产变卖充浙江海塘工程费用。经过这两件事，雍正皇帝觉得浙江的士人暗中针对自己，于是不但派出浙江观风整俗使，以监督士人，更有甚者，还在雍正四年（1726）十一月停止了浙江士人的乡试、会试。

停考风波波及很广，对金志章来说更是直接受影响。好容易挨到两年之后，重新准许考试，金志章却发挥失常，没有考好。之后还考了一次，也没上榜。挨到四十岁，经人推荐，金志章以举人资格出仕，授内阁中书，只是一个小小的七品官,负责典章法令的编修、撰拟、记载、翻译等工作。当然,这对于举人出身的他来说,也算个不错的选择了。他于乾隆初年被升为从四品的内阁侍读,后来被外放做官,成为"直隶整饬兵备口北道"的道台。他在这里发挥所长,不但政声很好,老百姓称他为"金佛",而且还著成《巡边日记》一卷,参与并促成《宣化府志》修撰,创编《口北三厅志》,续《两镇三关志》,为当地留下了丰厚的文化遗产。

金志章于乾隆八年(1743)致仕回乡,这番做官从政的经历,了却了他作为读书人经世致用的理想,于是就选择住在吴山之下,开始了他的诗酒撰述的人生。由于他成名较早,经历丰富,既是学者又是诗人和书法家,所以在杭州当地的文化活动中常常是主要发起人。归家之后的第二年,金志章和朋友们以原西湖吟社和湖南诗社等为基础,组建起南屏诗社,和友人诗赋往来,十分惬意。每有聚会,必出佳作。南屏诗社存在了六十年,在杭州文化史上留下了很深的印迹。金志章还有一个雅称——"烟霞水石间客",说明他特别喜欢游山玩水,终日不倦也不厌。住在吴山下,就经常游览吴山,或在山腰泉石间休憩,或登临御书亭览吴山大观……吴山,在金志章心中就像一个圣地,游不足,爱不足。这种对吴山的深情,使他决心为吴山编纂一本书。经过一段时间的准备,金志章开始了编纂,有时候,写累了,他还喜欢在街巷之间散步,走到瑞石四眼井等几处井口,与正在洗衣、洗菜的街坊们聊天,听他们讲述吴山的掌故,还有这些井的故事与家长里短,一来可以放松自己,二来听到有用的素材还能写入书中。经过一番艰苦的爬梳剔抉,参互考寻,金志章编纂成《吴山志》二十卷。

乾隆十七年(1752)的一个冬夜,金志章照例出去和诗友们聚会,这天被下人送回时已是深夜。喝了不少酒的他进屋之后，看到床倒头就睡。刚睡着一会，门却被下人蹬开，外面一片高呼："走水了，走水了！快点去喊人，打水来灭火！"金志章心里一惊，酒醒了一大半，下人背着他就往外跑，他看见火从旁边的院子烧了过来，自己房子的椽头已被烧着！由于是冬天，天干物燥，北风吹得又急，火势熊熊，火光把四周映得通红。邻居们站成列，从附近的几口井里打水，然后传递到火场灭火。但终究是杯水车薪。下人已经把金志章背出大门外，这时他才想起，《吴山志》的书稿还在书房里！他跺脚大喊："我的书稿还在里面，还在里面啊！"旁边已跑出来的家人拉着他，在人声嘈杂中大声喊："老爷，命要紧，书稿以后再找吧！"金志章又忧又急，竟昏了过去。过了一会，城里的"救火兵丁"也赶到了。他们把救火唧筒放进几口井里吸水，再喷向火场。这几口水量丰沛的井发挥了很大作用，火势渐渐控制住，没有再蔓延了。但由于救火兵丁本来人数就少，过火面积太大，这一片的房屋还是没能保住。

金志章被救醒后，看着被烧成废墟的房子，唉声叹气，他想起了李卫的几口大铁缸，哪里能够厌制火灾？自己明明知道杭城火灾的凶险和原因，也没能幸免，几年的辛苦都付之一炬，那种心痛是难以形容的。除了《吴山志》之外，他的诗稿也没有了。第二天，老友们都过来安慰，尤其是多年的好朋友，经学家、史学家、文学家、藏书家杭世骏，为他排解心中郁闷，还在生活上资助他。

经过一段时间的恢复，金志章在生活上安顿好之后，重新打起精神，努力地回忆书稿内容，再次编纂成了《吴山伍公庙志》六卷。诗稿虽经搜罗，但只有十分之二三能回忆并撰写出来。这样的损失，不能不说是杭州文化的一件憾事。

乾隆二十六年（1761），金志章辞世，终年七十一岁。其《江声草堂诗集》留存于世。

四牌楼、十五奎巷古井小档案

四牌楼和十五奎巷所在位置，南宋时期就属于御街二十三坊巷。那里一直以来人口稠密，商业兴旺。老百姓的生活用水都靠井水，所以这一带的古井众多。目前四牌楼还保存了21号的清凉井、34号的公益社义井、43号和44号的两口古井，十五奎巷保存完好的古井有状元井。附近的街巷较为著名的古井还包括：晓霞弄的晓霞井，井弄的顶针井、清凉井，茶啾弄的茶啾井，元宝心2号、3号的古井，花生弄9号、16号的古井，丁衙巷里的宝成寺义井，瑞石亭与丁衙巷交叉路口的瑞石四眼井，燕春里的姐妹井，以及白马庙巷的紫阳泉井等。

参考文献

〔清〕丁丙、丁申辑：《武林掌故丛编》，广陵书社，2008年。

林正秋：《杭州历史上的火灾之五——清代时期杭州火灾的防治》，《浙江消防》1994年第6期。

夏卫东：《雍正四年停浙江乡会试始末》，《历史档案》2003年第1期。

传说铁拐李的洗脚水居然浸进泡药材的井里

——朱养心膏药店古井

明万历年间（1573—1620）的一个夏日，住在吴山下的张大爷从山上割草回来后，就发现自己的腿脚不对劲，先是在腿肚子那里长了一个红点，又红又痒，他就用手去挠，结果，那个红点越挠越大，最后破皮流脓。拖了几天，竟成了个大疮。儿子看了很焦急，就对张大爷说："父亲，您这腿上的疮怕是要赶紧去医治啊！听说大井巷那边来了个姓朱的郎中，熬得好膏药，不赶紧治的话，溃烂之后就不好办了。"张大爷说："没事，以前也生过疮，自己搞点草药敷上就好了。"儿子没办法，叹口气就出门了。张大爷自己弄了点草药，捣烂之后敷在疮上。可是事与愿违，草药敷了几天，不见效，疮还肿得更红更大，张大爷也发起了烧。

儿子这才着慌了，忙找几个邻居帮忙，用驴车把张大爷拉到了大井巷的"日生堂"。进得门来，见店堂里已经有不少人，心里暗暗着急。张大爷痛苦的呻吟声引起了正在看病的朱养心医师的注意，他忙走过来，让张大爷儿子把父亲扶到前面，一边给其他人解释，说张大爷这个毒疮非常严重，要抓紧医治，不然毒气攻心，会有生命危险。其他人都说："朱郎中仁心一片，大家岂能见死不救啊！"朱养心就让儿子去院里的水井里打些水来，然后就用水把张大爷的腿洗干净，用一把小刀将脓血放出，再贴上自己的秘制膏药。张大爷顿时就觉得一股清凉的感觉从疮口那里透入，再渐渐传遍全身，一下就轻松了许多。之后，再加上朱郎中的内服药，一个疗程之后，张大爷的毒疮就基本痊愈了。而且，朱郎中治疗费非常低。

这个事情在杭州传为佳话，朱养心膏药店的名气也越来越大。在古代，只要有什么超乎寻常的技能，往往都会在传播中被神话，对于朱养心膏药店，也是这样，因为疗效好，服务佳，就有人说，朱养心的膏药为什么这么有效，原来是受了神仙的相助。哪位神仙呢？就是喜欢游戏红尘的八仙之一铁拐李。

不过，这传说可是被人说得活灵活现的：有一天，天上下着雨，医馆里没有什么病人，朱养心正在屋里调制膏药。这时，门口传来了阵阵呻吟声。朱养心出门一看，只见一个邋里邋遢的老头，瘸着一条腿，腿上长了几个大毒疮，里面流出肮脏的脓血，把药店门前的水磨石地面都弄脏了。一个伙计站在老头的旁边，要赶他走，老头看都不看，继续"哎哟哎哟"地呻吟。朱养心瞪了伙计一眼，把老头扶进天井，拿把竹椅，让他坐在天井边。然后让人打来热水，为老头洗去腿上的脓血。谁知道这脓血太多，费了很多盆水，总也洗不干净，脓血和着污水在天井里流淌，竟一股脑地往水井边流去。这时雨越下越大，天井可能堵住了，水漫了起来，加上这口井只有一个井盖，没有井圈，污水和雨水就往井里流去。伙计大声喊："朱郎中，水倒灌到井里去了，这水还要熬膏药啊，这可怎么办！"朱养心边擦着老头的腿，边说："不要紧，你检查一下天井的消水孔，看是什么堵住了，消水孔通了，水就流不进井里了。"伙计忙找了把伞，顶着雨寻找天井四角的消水孔。

朱养心依然在为老头擦拭着腿，脓血慢慢就不流了。朱养心把自己秘制的膏药给老头贴上，老头却发脾气："什么烂药，随便就往人身上贴啊？"

朱养心微笑道："这位老丈，我是朱养心，在此开药铺已多年，像您这样的毒疮，已经看了不少。"

老头却说："你这膏药是谁传授的？不能随便弄几个方子来蒙人啊！"一听这话，朱养心还是心平气和地向老头解释，而在天井里忙着找消水孔的伙计倒是火冒三丈，没好气地说道："你这老者，好不懂道理，我们东家看你可怜，这天气不但不赶你走，还扶进屋子为你治疗，你竟不知好歹，说我们东家蒙人！"

朱养心忙止住伙计，叫他赶紧疏通消水孔，然后对老者说："老丈这么说，一定是颇知药理。在下原是余姚人，因避倭寇之乱，才迁徙到杭州的，刚来时便住在这吴山下。因少时曾学医，便想开个医馆，但学艺未精，不敢擅动。一天，在下到吴山上采药，也是机缘巧合，正好遇到山上一位仙风道骨的道长也在采药。在下就向其行礼，并请教用药诀窍。"

刚说到这里，老头大摇其头说："你这说不通，什么仙风道骨？我看是个骗子，专骗你们这些以貌取人的。"

朱养心不急不恼，慢慢地说："老丈教训得是。但这位师父确是货真价实的高人呢！他听说我想开医馆，为老百姓看病疗伤后，大为赞赏，便拿出一本古书，上面有很多种古方，他要我能记多少记多少，我拼尽全力，也才记忆了十几种。"

老头听到这里，又是摇头说："不通啊，不通，既然要你为百姓看病，如何又这么吝啬，一本破书，就只许人看一眼。不通啊，不通。"

伙计在雨中的天井里忙了半天，终于摸索到了消水孔里的杂物，使劲一拉，抠出一把树叶和杂物，天井里的污水都往消水孔流去。伙计大叫："通了，通了！"

看着天井的流水，朱养心又对老头说："那道长古书里的真是仙方啊，这十多种药，就够医治多种杂症了。那道长说天机不可尽泄，于是就要在下默记不忘，然后将书收入囊中，云游而去。在下访遍了吴山和西湖周边的道观，都没寻到这位道长。莫非是遇到神仙了？"

老者这时好像早已忘了腿上的疼痛，哈哈笑道："你这郎中好奇怪，神仙哪有这么容易就遇上了？我怎么没遇到？"

朱养心点点头说："您说得也是，当时这位道长还指点我，说是这吴山下，有一股寒泉，光是这水，寒性十足，就可以败火祛毒，用来熬制膏药，真是再好不过。五代时，德韶禅师挖出了吴大井，但那边的水居民使用频繁，沾染污秽，最好重新循着寒泉之脉，再找一口井，您看，就是这天井中这口。用这口井的井水浸泡药材，再加以熬制，药效甚宏。在下用这些药方熬制膏药，为杭州百姓治病，只取微利，贫苦者分文不取。就因为这样，杭州百姓凑钱为在下修造医馆。在下实在感铭于心啊！"

"哈哈哈！"老头却大笑起来，在破衣服里摸了几下，摸出一个古朴的葫芦来，仰着葫芦深深地喝了一口，空气中就荡漾着一股浓浓的酒香。老头笑道："好好好，医得好！"伙计说："这酒好香，像是女儿红！"老头笑道："你这小子，就知道女儿红，肯定做梦都想媳妇了。"

朱养心膏药店古井

伙计忙说："您乱说，谁想了？"

这时，雨也停了，太阳从云缝里射出金线般的光来。朱养心看他喝酒，怕再引发疮毒，想把老头手中的酒葫芦夺下来，老头却一把藏进衣襟里，哪里寻得到？朱养心对老头说："老丈，您这毒疮，虽用了我的药，但最怕热性之物，不要前功尽弃啊！"老头说："不妨事，我的病痛已经好了，老汉我要睡觉了。"说完，就从身边摸出一根黑黢黢的奇形怪状的拐杖，在檐坎石上一杵，叮当一声，就站了起来，腿上好像完全没有创伤一样，径直往诊病的厢房里来，倒在一条长凳上，一下就鼾声如雷了。朱养心笑道："这个老丈有趣得紧！"又给伙计交代，要好好待他，就忙其他事去了。

朱养心忙完之后，到前院来看老头。找了半天，没有踪影，忙问伙计，伙计说："可能一早就离开了。"昨天到早上他也没吃过饭，但满屋都是酒香。两人再一看，老头住过的厢房的粉墙上，画着一条墨龙，张牙舞爪，十分生动。

这时，朱养心的儿子在外面喊："父亲，您快来看看，这水井奇怪了，好大一股药香啊！"朱养心赶忙出来，来到井边，一闻，井里发出一股浓浓的药香，沁人心脾，感觉奇经八脉非常舒服。就问其他人是不是直接在井里泡了药材，其他人说没有。朱养心突然想到老头的酒葫芦与那根黑黢黢的拐杖，突然明白了，原来这老头是八仙中的铁拐李，前来点化于他！忙率全家望空便拜。

清同治年间（1862—1874），杭州人范祖述著、洪如嵩补辑的《杭俗遗风》一书的"备考类"中，也讲述了关于朱养心膏丹店的一个传说。明代时，朱养心在大井巷开店，屋后临山的地方有一口古井，仙人刘海的金蟾逃到这口井里藏起来，悄悄修炼，希望早日成仙。这口井因为有了金蟾的仙气，使朱养心制出的膏丹非常灵验，每逢春节上香时节，每天都能卖出很多钱。有一天，刘海到杭州寻找金蟾，找到朱养心这里，将金蟾唤出之后，见朱养心救死扶伤，宅心仁厚，便为其画了一条墨龙。后来，这一片遭遇了几次火灾，唯独朱养心店都没受到影响。就有人传说火灾之时，熊熊火光中，有一条墨龙在喷水灭火呢。据说，此后用这口井里的水来熬制膏药，药效更加明显，疗程大大缩短。

这两个传说，可能是在老百姓口口相传中，从另一个侧面反映了朱养心膏药的神奇之处，如果撇开其中的神话色彩，剩下的便是朱养心膏药采用道地药材，精心炼制的实际。近代学者孙毓修在茅盾的《中国寓言初编》序言中写道："语怪之书，在中国发达最早。…… 其风始于希腊。益以闾巷谣俗，代有流传，虽无益于事实而有裨于词章。"[①]看来，这样的神话传说作为文学作品欣赏为好。

杭州人都知道，朱养心的膏药纯黑光亮，香气浓郁，

①转引自高有鹏《中国近代神话传说研究与民族文化问题》，《中国人民大学学报》，2012年第1期。

贴之即平，揭之易落，极少留下污色，而且疗效灵验，深受百姓推崇。其万灵五香膏、阿魏狗皮膏、阳和解凝膏、碧玉膏（童禄膏）、白玉膏（鲫鱼膏）、格子膏、头疯膏、移星膏、鸡眼膏、三仙丹、八宝珍珠散、日精月华丹（水眼药）、鹅毛管眼药及八宝神效眼药等特色药物系列，也传承下来，由朱养心药业公司进行生产，不但杭州的百姓受益，而且远销全国各地乃至世界。

朱养心膏药店古井小档案

朱养心膏药店古井位于大井巷朱养心老宅，有井盖无井圈，相传是过去朱养心用来泡制药材的水井。

参考文献

杭州市人民政府城市管理办公室、政协杭州市上城区委员会编著：《杭州的井》，中国美术学院出版社，2010年。

这家药铺内的井里藏着什么秘密?
——方回春堂古井

清顺治年间(1644—1661)一个深秋的日子,杭州新宫桥直街的一家药铺里,已经安静下来。店堂里值夜的伙计已经打起了呼噜。药铺的主人方清怡收拾好看病的用具,然后回卧室躺在床上。他想着白天遇到的一个病例,虽已经吃了两服药了,但咳嗽仍然没有止住,就想等他再来时,换一个方子再试试。一直这样思考着,便沉沉睡去。

"砰砰砰",一阵急促的敲门声,在这条小街里显得十分刺耳。方清怡边赶紧披衣起床,边叫伙计赶紧去开门。门开了,门前一个长随(官府仆役)模样的人说,快把老夫人和太太请过来,请方大夫给小公子瞧病。方清怡一看,门口来了一个老妇和一个少妇,少妇的怀里抱着个孩子,满脸焦急,旁边还跟着一个丫鬟,手里抱着些孩子的衣物。方清怡凭直觉就看出这不是平常人家,忙把他们让进来。刚跨进大门,那个老妇就抹着眼泪说:"方大夫,请您一定好好给看看这个孩子,早上都还活蹦乱跳的,叫爷爷奶奶叫得脆生生的,谁知一到下午,就犯了病。这可如何是好啊!"少妇是这孩子的妈妈,也打着哭腔说:"方大夫,请您一定好好看看。"

方清怡连连答应，让她们不要过于紧张。他说："老夫人和太太不用紧张。我一定尽全力，您二位都请放心。"

请大家坐好后，把灯烛都点上，屋子里一下就亮堂了许多。方清怡的夫人也起来了，张罗着烧水，准备给客人倒水喝。方清怡不敢耽搁，请少妇将孩子放在铺了薄棉絮的长条桌上。他见这孩子大约两三岁，嘴唇发白，还有低烧，嘴里说不出话来，忙将孩子放平。他先进行望闻问切，了解了脉象和这几天的生活状态，然后撩开孩子的内衣，进行腹部的触摸和轻按，之后孩子的病情他大致了然于心了，就对孩子的奶奶和妈妈说："这是孩子的饮食不正常，加上这秋天突然变冷，受了寒气。我给你们开个方子，把药拿回去服用。"然后，就边开方子边说："我这里还有七粒秘制丸药，现在就用温水调散送服，再服几次，配上方子的药，很快就会好。"孩子的奶奶和妈妈赶忙让丫鬟去厨房取水，方夫人的水也烧好了，就用开水把药丸调散成糊状，用汤勺给孩子灌了下去。一会儿，就听见孩子的肚子里一阵响，孩子也睁开眼睛叫娘和奶奶。这下他的奶奶和妈妈高兴极了，刚才的愁云惨雾一下就散开了。

第二天，门口突然来了乘轿子，说是昨晚的病家有请方大夫。方清怡心里纳闷，但还是坐进轿子前去。没想到，轿子一下就抬到钱塘县衙门里。原来昨晚的病孩是县令的孙子。县令和夫人听说方大夫来了，迎了出来，并准备了一桌筵席。县令请方清怡入席时，一个丫鬟捧出装着的五十两白银锞子的木盘，要方清怡收下。方清怡知道这位钱塘县令是个清官，连忙推辞，说区区几粒药，哪能收这么多的药费，只按平常的标准收取诊费和药费就行。县令十分欣赏，就让丫鬟把钱收回去。

席间，县令还让人领孙子出来，方清怡再给孩子把了脉,说已经没问题了,只要把剩下的丸药都服完,身体就能大好。县令大喜,忙问这丸药的名字,方清怡说:"这药对小儿病有奇效,却还没有取名。"县令沉吟一下,说:"要不就叫小儿回春丸如何?"方清怡忙拜谢县令为药赐名。

吃完饭,方清怡就和县令聊起了自己的药铺生意,这位县令也懂一些医术,说起小儿回春丸,县令说:"制作成药,必须要有好水,不知方先生用的是哪里的水啊?"方清怡说:"我以前调制膏丹,制作丸散,试用过多个地方的井水,都不及吴山之下的水,后来因用量较少,皆从大井巷取来,这寒泉之水,制药有奇效。"县令就说:"先生现在居住的地方离大井巷还有点远,你这个药我看以后用量肯定很大,需水也多,何不迁去那里,这样制药就方便了啊!"

方清怡站起来向县令作揖道:"老父母一句话点醒梦中人啊,平时竟没想过把店铺搬去,在吴山下打井制药,可以造福更多百姓。"县令说:"方大夫宅心仁厚,定能将这杏林功业发扬光大,本县在此专聆佳音。"方清怡临走时,县令觉得他治好了自己的孙子,仅收点诊费和药钱,有点过意不去,便主动写了一幅"妙手回春"的横匾赠给他。

从县衙回来后,看到县令的字,家里人都很高兴,方清怡就和夫人商量,下了决心,要在吴山下找一个地方,把医馆迁移过去。找了"房牙子"(清代的房屋中介人)去看了几次房子,都不太满意,不是离吴山太远,就是地方狭窄,或者太偏僻,都不合适。这样一耽搁,眼看就到了年尾。这天是冬至日,正是一阳复始之时,家家都在进补,方家医馆也相当热闹。这时,一个胖胖的房牙子跑得满头大汗,到了方家医馆,一进门就说:"在

方回春堂

第七章 古井里装满了高官富商的沉与浮——清代古井

清河坊那边有一户人家的房子要卖,因那家人要迁走,所以想赶紧脱手。那里房子很宽,而且离朱养心膏丹店也很近。"方清怡一听,满心欢喜,房价也很合适,于是就当机立断,付了定金,并在很短时间就签好了契约,把房子买过手。

原来的房子临街,外面却没有铺面,进门后只有一个天井,房子非常宽大,后面作为做药的作坊最合适不过。方清怡就请来远近知名的打井工匠,看看能不能在天井里打出一口井来。那人拿着罗盘里里外外看了很久,最后一拍大腿说:"是了,就是这条脉!"方清怡一问,原来这天井下面和大井、朱养心膏丹店那边是一条水脉,都来自吴山。方清怡就请人打井,没隔多久,就打出了一口井,井水甘冽,非常爽口。有了这口井,方家膏药的药效更好,产量更大了。有一次,一个伙计抬着一箩筐装丸散的小瓷瓶,到井边来清洗,准备晾干后拿到后院装药,这时有人喊他,伙计就把箩筐放在井圈之上,转身出去了。没想到井圈光滑,箩筐就发生了倾侧,差不多一半的小瓷瓶都掉进了井里。伙计回来,看到出现这个问题，就向方清怡认错。方清怡知道捞也没法捞，就笑道："井里正好没有镇井之物，这些就算是净瓶，来镇守这口井了。"过了三百年后，这些小瓷瓶才在一次淘井中被清理出来，成为回春堂的文物。

因为医馆生意越来越好，有了井之后，制药的规模也越办越大，方清怡就决定将天井当街这边改为门面，销售成药和高档药材。门面修得很壮观，这口井刚好在店堂里，不但能防止有人丢入杂物污染井水，制药用水更加安全，而且成了杭州的一道风景。医馆的名字也改为"回春堂"。后来，回春堂除了销售成药和高档药材外，还兼营药材炮制、批发，生意做得很大。

民国时期，由于时局动荡，回春堂的经营大不如前。1931年，其资金仅为七千二百元，批发业务也停止了。抗战时期，回春堂的生意一落千丈，新中国成立时，回春堂因无法支撑，将原来有老井的门面卖给了上城区税务局，迁到了望仙桥一带（中山中路），继续进行药材批发生意，然而资金的短缺使回春堂无法正常运转。

店堂内的古井（古井口位置就在这柜台下面，现在已经被封住了）

1955年还并入胡庆余堂，1956年公私合营中并入了杭州医药站。2001年10月，杭州回春堂借清河坊历史文化街区重修之际，集资近千万元人民币，整缮原址店屋，重新开业，为了增强识别度，改为"方回春堂"，细分为国医馆、国药馆以及参药号。还举办"膏方节"等活动，几年时间的年门诊量就超过十万人次。那口给方家带来好运的水井，如今还完好地保留在方回春堂的店堂里，来杭州游玩的游客，到了这里，总会不约而同地来探究这口老井的故事。精彩的故事，又不断地吸引游客前来……

方回春堂古井小档案

方回春堂古井位于杭州清河坊历史文化街区的方回春堂店堂内。方回春堂始创于清顺治六年（1649），至今已有三百余年历史。

参考文献

杭州市人民政府城市管理办公室、政协杭州市上城区委员会编著：《杭州的井》，中国美术学院出版社，2010年。

万晓玲：《方回春堂：国医文化的传承与困惑》，《观察与思考》2005年第9期。

"江南第一豪宅"藏着的炼丹"秘籍"
——胡雪岩故居古井

把官帽递给管家前,胡雪岩小心地对着涅蓝顶子吹了口气,实际上顶子一尘不染,这是他被朝廷授按察使衔江西候补道后才养成的习惯。虽是候补,但也是四品官员,出外应酬,这身官服是不可少的。更让胡雪岩底气十足的是,因为助左宗棠打了胜仗,皇帝还赏穿黄马褂,这可是天大的荣耀,一般的实授官员都没有的荣耀。当然这黄马褂可不能随时穿着,现在收在堂屋正中的神台之上。看着管家小心翼翼地把官帽放进那个檀木精雕的官帽盒里,胡雪岩才让两个丫头伺候着更衣,换上便服。一天的忙碌,让他感到浑身疲惫,就坐在椅子上,端着茶碗,使劲呷了一口,西湖龙井茶水从口里咽下,一股清香直达丹田——舒服。

这会儿,他才随口问道:"刚才你说有人在厢房等着,是谁啊?"管家忙答:"老爷,您怎么忘了,上次您说起养生的事,要找一位懂道术的道爷,这不,专门托人从葛岭道观请了一位,据说很厉害的呢。"胡雪岩说:"那过去看看。"刚一起身,胡雪岩就觉得头晕目眩,一股寒痛从腰部放射到大腿,有点立不住。管家吓了一跳,赶忙扶住了,小声说:"老爷要紧不?"胡雪岩皱皱眉说:"不打紧,不打紧。回头你把制台大人捎给我的那种丸子拿一个来,吃了就没事了。"他口中的制台大人就是左宗棠,从左宗棠江苏巡抚和闽浙总督任上,胡雪岩就为他筹集军饷和军火,深受左宗棠的信任。左宗棠于清同治八年(1869)正式接陕甘总督印,并打败了捻军。西北打仗的开支还是由胡雪岩经手。胡雪岩这些年靠着这海量的军费,借着自己的阜康钱庄流转腾挪,积累下两千多万两白银的身家,可谓江南首富。一转眼一年就过去了,胡雪岩协助左宗棠在福州开办的"福州船政局",已经有两艘兵船下水,这对正在新疆边陲的左宗棠来说是特大的好消息,前些天专门给胡雪岩写信,表达了自己高兴的心情:"闽局各事日见精进,轮船无须外国匠师,此是好消息……阁下创议之功伟矣。见在学徒匠日见精进,美不胜收,驾驶之人亦易选择,去海之害,收海之利,此吾中国一大转机,由贫弱而富强,实基于此。"胡雪岩为这样的赞许好一阵兴奋。他知道,只要继续为左大人做好军粮、军火、军饷的后勤服务,自己的好处还会更大。

胡雪岩故居古井

刚要跨出门，却见十三个妻妾中，自己最信任也最能帮自己的罗四姐走了出来，到了面前，带点责怪的语气说："老爷，你这段时间身体不好，在外面要注意身体。"胡雪岩答应着，猛然想起一件事，就说："四姐，左大人马上就要在边疆开战，需要大量的军用药品，我想干脆开个药铺，既把这个钱赚了，还可以造福百姓。你寻思着怎么办才好。"罗四姐答应道："好好，等你空了商量。"

到了厢房，就见一位穿着灰布道袍的五十多岁的道士双目微阖，盘腿坐在椅子上。胡雪岩进门，他才下地，做了个收式，然后打个稽首，口称福生无量天尊。这才知道此人是葛岭抱朴道院的青玄道人，胡雪岩也拱手还礼。叙礼毕，坐下，青玄道人仔细看了看胡雪岩的面孔，缓缓说道："胡大人，贫道看您眼下发青，神情倦怠，最近可有贵恙？"胡雪岩说："就是因这个，才请道长前来，请教炼丹养生之道。"青玄就说："大人此疾，乃是操劳过度，肾水渐枯。需要好好调养，配以道家丹药，方可见好。"胡雪岩一听，知道这道人精通医理，便微笑着说："那道长看我这病要如何调理才好呢？"

青玄道人就向胡雪岩说了道家丹药配合呼吸吐纳功夫的方法。胡雪岩就要青玄将炼好的丹药给他，多少钱都行。但被青玄一口回绝了，青玄说："道人自己的丹药是为了长生久视、脱胎换骨而炼制，其中的火性太大，一般人根本就不能承受，吃下去反而更成大害。"胡雪岩一听，忙问怎么办？青玄就说："需要重新炼制。炼丹所需的丹砂、雄黄之类，想来胡大人要找也不是难事，但需要找到合适的水源，在这杭州城内，却比较难。"胡雪岩说："杭州城里有没有适合炼丹的水源呢？"青玄就说："怎么没有？吴山之下的吴大井古时就叫寒泉，其水性寒冽，能压制丹药火性，朱养心膏药就是用了这股泉水的另一支脉，所以药效明显。"胡雪岩说："我正好苦于住的地方太小，想修一个大宅院，要不就建在吴山脚下。"青玄说："吴山脚下依山而建，背山雄厚，地势却嫌狭窄。我看那边的水脉走向，正好朝着元宝街而去，如果能在此找到泉眼，把丹炉设在那里，岂非天造地设？今后还能在此多开几口井，方便周边的百姓用水，更对大人是天大的功德。"胡雪岩呵呵一笑："去年有人就给我说过元宝街，说是元代曾做过府库，藏风纳气，地势开阔，便于造园子。那块地有几户人家，也好办，给钱买过来就是了。要是水脉寻到了，为街坊们多打几口井还不是小事，井水本来就是天地生成，岂能由我胡某一人独享？"

这次会面，一两个钟头就把事情敲定了。青玄道长带人去元宝街寻找泉眼，以后还负责炼丹的事情。胡雪岩还存了个心眼，就是自己要开办药号，里面需要丹药，这个炼丹的技术，还需要青玄来指导。因此给青玄的香火钱也比较高。接下来就是派人去找懂建筑的先生，看看自己的宅院能否就建在元宝街。

到了下半年，青玄道长终于在元宝街找到了合适的井口位置，但打井却颇费周章，因为按照平常的深度打下去，却不出水。这可把道长急坏了，按照罗盘的指示和山脉的走向，在这个位置打井应该是能出水的，现在却打不出水，是怎么回事呢？经过再三勘查，最后认为这里离吴山已有一段距离，水势下行，需要再往下打，才能出水。果然，再往下打了一段，一股清澈的泉水冒了出来。试一下，清澈寒冽，尝一口，清凉爽畅，大家都欢呼起来。胡雪岩得到出水的消息，忙丢下手里的事情，赶到井口，见水质很好，心里非常高兴，给每个工人都发了红包，还应青玄道长之请，为这口井命名为炼丹井。胡雪岩为青玄道长在附近建了炼丹的小屋，让他潜心在里面炼丹。由于这位青玄道长也是从外地云游到葛岭暂住的,索性就安心在这里炼丹了。渐渐地,这条街的居民发现,一个道人每天在井边打水,在屋里炼丹,忙忙碌碌的,居民们都惊叹:"不得了啊,这里居然可以修仙了!"

同治十一年(1872)的春天,杭州城里柳絮纷飞,古老的樟树、女贞树散发着幽香,胡雪岩的豪宅也择吉动工了。一切都很顺利,青玄道长炼出的丹药,胡雪岩试用之后,觉得自己身体一下就生龙活虎了,这增强了他开药号的信心。

元宝街的胡宅开建之初,胡雪岩心里早就有了擘画,想建一座大院颐养天年。于是,特意邀请尹芝来设计。尹芝是当时的造园名家,江南不少富家的园子都是他的手笔。太平天国运动之后,不少地方的富人宅院毁圮,需要重建,这给了尹芝大展拳脚的空间。但这次为江南首富胡雪岩造园,他却遇到了难题。按照以往的经验,尹芝画了草图给胡雪岩看,但胡雪岩左看右看就是不满意,尤其是对那口炼丹井十分在意,尹芝画了几张井亭

炼丹井

图，老胡都是摇头。尹芝心里十分焦躁，这天上午，趁着春光明媚，就往西湖边上来散心。看着西湖的波光潋滟，尹芝突然心一横，干脆不想了，找个清静的地方住几天。于是叫一个后生给胡家带信，自己就雇了轿子，往飞来峰去了。

尹芝在灵隐寺住下来，在梵音钟磬声里，将心沉了下来。每天去飞来峰饱览秀色，这里无石不奇，无树不古，无洞不幽，给了尹芝巨大的灵感。五天后，他突然高兴地回到城里。一阵描画，一张以飞来峰的奇山怪石幽洞为想象空间的草图就画了出来。胡雪岩一看，拍案叫绝，说这真是"搜尽奇峰打草稿"的奇遇。按照尹芝的设计，这口炼丹井就在大假山的洞里，很契合炼丹修仙的意境，难怪胡雪岩要使劲点赞呢！假山建好之后，在洞口刻着"云路"二字，旁边还有一块石碑刻着一首诗："丹成神仙去，井洌寒泉食。甘美无比伦，华池咽玉液。"又在炼丹井上加了六边形的太湖石井圈，上面精雕细刻着四个云头和四个蝙蝠花纹，井圈上刻着"炼丹井"三个楷书字。经过一段时间，青玄道长告别胡雪岩到四方云游去了，这口炼丹井也就成了胡宅七口井中的一口，显不出它曾有过的"修仙"史迹了。

在豪宅开建后的第二年，左宗棠准备出兵新疆。同治十三年（1874），胡雪岩在直吉祥巷九间头设立胡庆余堂雪记国药号的筹备处，在大井巷买了8亩地，作为营业用房。这里是杭州的药铺集中的地方，有聚集效应，便于打响招牌，又有吴山的泉水可供制药之需。开建不久，"诸葛行军散""胡氏避瘟丹"等成品药就运送到军前，解决了部队中兵士们水土不服的问题。他还在西湖边上建了胶厂，为药号生产阿胶制品做前期工作。光绪四年（1878），大井巷的房子终于修建完毕，五十五岁的胡雪岩正式成立了胡庆余堂药号。胡庆余堂以南宋官办"太平惠民和济药局"局方等为基础，制作了多种中成药品，这些药行销全国，济世利民。其"戒欺""真不二价""顾客乃养命之源"等品牌文化流传至今。在左宗棠西征中，胡雪岩还动用自己的人脉，先后六次出面借外债1870万两白银，解决了西征军的经费问题，为收复新疆做出了贡献。左宗棠称赞为："雪岩之功，实一时无两。"

胡雪岩在这座豪华的大宅里住了八年，可谓享尽了人间的富贵。在此期间的光绪七年（1881），胡雪岩因协助左宗棠收复新疆有功，被授予布政使衔（三品），赏穿黄马褂、带二品红色顶戴，并总办"四省公库"，被后世称为"红顶商人"，可谓达到了人生的巅峰。但是盛极必衰，从光绪八年（1882）开始，他在华洋生丝大战中失利，亏折大半身家，接着就遇到阜康钱庄的金融危机，加上封建官僚之间的倾轧，胡雪岩被革职抄家。光绪十一年（1885）11月，胡雪岩在悲愤凄凉中去世。繁华如梦，他的成群妻妾也只有罗四姐留在身边为他送终。一代巨商的辉煌，最后只剩一声叹息。

炼丹井见证了胡雪岩豪宅的兴衰。其实哪有什么修仙的秘籍？有的只是人世间的风雨和沧桑。

胡雪岩故居炼丹井

胡雪岩故居位于杭州市河坊街、大井巷历史文化保护区东部的元宝街，炼丹井位于故居假山的人工溶洞中。

参考文献

高阳:《胡雪岩》,生活·读书·新知三联书店,2006年。

杭州市人民政府城市管理办公室、政协杭州市上城区委员会编著:《杭州的井》,中国美术学院出版社,2010年。

捐修六和塔的大善人家的井长什么样？

——朱智故居井

清光绪二十五年（1899）农历五月初五，正是端午佳节。按杭州人的风俗，这一天阳气充盛，家家户户要吃"五黄餐"，这"五黄"分别是黄鱼、黄瓜、黄鳝、咸鸭蛋、雄黄酒。当然，也少不了吃粽子。大人还会在小孩子的额头上用雄黄酒画一个"王"字，雄黄酒能辟蛇虫，传说中当年的许仙正是给白娘子喝了雄黄酒，使白娘子现了原形。杭州的端午是欢乐的，但这一年金钗袋巷朱家的大宅院里却少了往年的热闹，一片肃穆的气氛。原因是这个宅院的主人——朱智，现在正卧病在床。到了中午，家人们都草草吃些粽子，就算过了节，为了怕吵着老太爷，小孩子们都带到外面去玩了。这时，朱智却挣扎着起床，让夫人吩咐下人赶紧去花园的水井里打一盆清水来，他要洗一把脸。夫人说："灶上烧了热水。"朱智却摇头说："就要井里的水，我想清凉一下，好把这折子写完，请中丞大人上呈皇上，这石塘和六和塔的修缮，还要加紧，万一我一口气不上来，你等也要竭尽全力才行。"夫人忙说："老爷莫这么说，您这病不打紧，一会儿再把药吃了，就会好起来。"朱智笑道："夫人，人生自古谁无死，我这病我自己最清楚，唯一丢不下的是六和塔的修缮呢。"正说着，丫鬟已打来了一盆清水，朱智先不用毛巾，而是用手掬了一捧水，浇在脸上，口里说:"痛快!在家里,我最喜欢的就是这宅院里的井水,清爽甘冽,如同灵泉啊!"

朱智的宅院占地很广,家人加上下人,人数不少。刚建成时宅地就有十来口水井,这才能保证生活用水。到了现代,城市变迁,这些井大多不存,只剩下金钗袋巷79号和87号的两口古井了。金钗袋巷79号古井,正是朱智花园里的井,这口井的井圈呈鼓状,直径约80厘米,高60厘米左右;金钗袋巷87号里的古井,井圈为圆筒形,大小和前者差不多。随着朱智故居的恢复,这两口古井重新受到保护,成为吸引游客的景点。

用花园里的井水洗了脸,朱智的病好像一下子就没有了,夫人欢欢喜喜,叫人给朱智煮了点白米粥来,朱智也能吃下去了。然后,他坐在案前开始写一个折子。这次的折子和往常的不一样,朱智写得十分凝重,因为这是一份遗折。依照清朝惯例,内而六部九卿,外而总督巡抚以上官员,在临死之前,均需向朝廷呈递遗折,"伏枕哀鸣",以此表示对皇帝的一片忠诚。遗折内容包括略叙一生经历,表示自己之遗愿,以及子孙之姓名,以便去世之后得到朝廷的恩典。但朱智这个遗折却重点提到自己退休后承担的两个工程,一个是濒海石塘,一个就是六和塔工程。杭州的六和塔,可谓家喻户晓。它始建于北宋开宝三年(970),塔基原址系吴越王钱俶的南果园。钱俶舍园建塔,原为镇压江潮。北宋宣和三年(1121),六和塔因兵火被毁,片瓦不存。传说,没有这座巨塔镇水,钱塘江上船只常常遇到风浪。南宋绍兴二十六年(1156),僧人智昙募化金钱重建此塔,隆兴二年(1164)建成。后来又经明、清的多次整修。

朱智想起了光绪七年(1881)四月十五日,他病免开缺回钱塘时的情形。他从咸丰元年(1851)考中举人,后以举人身份入仕,历任工部主事、军机处章京、通政使司副使、大理寺卿、太仆寺卿等,光绪五年(1879)任兵部侍郎——这二十多年的仕途中,他见证了咸丰帝驾崩后两宫太后与顾命八大臣之间你死我活的斗争,见证了清廷镇压太平天国运动、捻军运动中的风风雨雨,见证了同治皇帝的英年早逝,见证了著名的杨乃武与小白菜一案沉冤得雪,而自己还尽了份心力……

四月清和天气,朱智回到了湖山秀美的家乡杭州,当跨进金钗袋巷自己家的大宅院,看到院里老井时,眼泪不由自主地涌出来。二十多年之后重新回到家园,朱智甜甜地喝了一壶井水泡的茶,不由得感慨:离乡背井,这个"井"虽说本意是"井田",但离开家乡,何时何刻不思念自家的老井呢?现在终于可以放下"伴君如伴虎"那悬着的心,可以为家乡做一点事情了。在走亲访友的热闹之后,朱智开始了造福桑梓的行动。有些公益事业朱智还联手另一位退休官员王文韶与其他士绅们一起来办,如疏浚西湖,修葺艮山门外义冢,整顿书院,修建西湖左公祠,修理考棚,等等。光绪十二年(1886)十月廿九日,杭州城内的军装局不慎失火,差点殃及毗连的军火局,酿成重大事故。朱智与王文韶等人以"事关地方利害",建议将火药局挪到城外,并向主管官员呈稿说明。光绪十三年(1887)冬,因降水稀少,杭州护城河水量减少,影响居民生活,王文韶与朱智等人向主管部门建议开江干龙山闸,引钱塘江水入杭城方便居民生活。朱智还亲自步行沿河察看水势。

但是,最令朱智忧心的还是濒江的石塘和六和塔。经历了很多年的风雨沧桑,六和塔所在地的濒江石塘坍塌严重。道光二年(1822),浙江巡抚帅承瀛奏请皇帝曾对六和塔进行过修葺。可是在道光二十三年(1843),六和塔的外檐再次失火被烧毁。破破旧旧的六和塔就这样孤独地立于江边。朱智在游览六和塔的时候,见到此景,心里很不是滋味,于是决定自己来筹资,修筑石塘和六和塔。他在遗折里这样写道:"嗣因钱塘县境内,濒江石塘,坍塌已甚,并六和塔年久失修。臣目击情形,工程紧要,自愿分年措资,独立修建。"

要自己筹款来修石塘与六和塔,谈何容易?但杭州是个宗教氛围很浓的城市,市民们好善乐施,朱智拿出自己的资金,作为表率,就带动了很多士绅与商人、普通市民捐款。他和"红顶商人"胡雪岩的关系非常好,光绪九年(1883)十一月初一日,胡雪岩的女儿出嫁,朱智约上王文韶还专程前去祝贺,顺便游览了胡雪岩的大宅院,对假山洞里那口"炼丹井"赞不绝口,而其他人也对朱家的水井泡出的茶十分想念,都约好一有空就到访朱家花园,在井边泡茶,吟诗作赋。作为常常往来的好友,在朱智募集修塘和塔的资金的时候,胡雪岩肯定是会慷慨解囊的。

在筹到部分资金之后,朱智组织人力开始了对石塘与六和塔的修缮。他曾当过工部的官员,对工程施工也较为熟悉,石塘的修缮要快一些,而六和塔的修缮则令人煞费苦心。朱智决定在尚存的砖结构塔身外部添十三层木构外檐廊,其中偶数六层封闭,奇数七层分别与塔身相通,塔心里面,则以螺旋式阶梯从底层盘旋直达顶层,全塔形成"七明六暗"的格局。塔自外及里,可分外墙、回廊、内墙和小室四个部分,形成了内、外两环。内环是塔心室,外环是厚壁,回廊夹在中间,楼梯置于回廊之间。对于六和塔的其他细节处理,都考虑得非常详尽,而这次修缮的格局基本保留到现今。

光绪二十一年(1895),浙江巡抚廖寿丰上报了朱智独自筹资修缮江塘和六和塔的事,光绪帝深受感动,御书"功资捍筑"匾额一方,以嘉奖其"分年措资,独力修建"的精神。

当时光是修塔的木质脚手架,就搭了三年时间,可见这样的工程浩大而复杂。朱智每天不但要监督工程的进度,还要操心筹钱,本来就是因病开缺,已经七十四岁高龄的他终于病倒了。他躺在床上,每天想的不是自己的身体如何康复,而是焦虑着石塘和六和塔的施工进度。随着病情加重,他感到自己可能不久于人世,这才有了写遗折的行为。在遗折中,朱智表达了自己对工程的期待:"今年入春以来,旧恙增剧,料不久于人世……现在塘塔工程,幸已及半,惟有遗属、家属,悉心经理……早竣全功,了微臣未竟之志。"遗折写完,他还在夫人和下人的搀扶下,到花园里走了一圈,坐在自己喜欢的老井边上,回忆着往事,仿佛井水里就储藏着自己一生的记忆。

这次写遗折可能是朱智病体的回光返照,在当月中旬,巡抚就将朱智的遗折上呈光绪皇帝,没隔多久,朱智就去世了。

朱智去世后的第五个年头,其孙子朱应鹏终于实现了他的遗愿。据当时的浙江巡抚聂缉椝的奏折记述:自光绪二十一年(1895)八月初始至光绪三十年(1904)正月,"塘塔两工一律完竣,计塘工六百二十六丈七尺六寸,塔屋三百十二间……所有塘塔两项工程,共用工料银十万三千四百五十两零"。

新中国成立后,政府于1953年、1971年和1990年分别对六和塔进行了三次大修,虽经多次修缮,但整座塔身还基本上保持着南宋时期的风貌。杭州人并没有忘记朱智的功德,将朱家宅院作为朱智的故居进行整修改

第七章 古井里装满了高官富商的沉与浮——清代古井

朱智故居里的两口井

造。现在留存的金钗袋巷 79 号和 87 号的两口井,也许会让游客在参观故居,看到这两口井时,不由自主地想起,有一位老先生对杭州的贡献。

朱智故居井小档案

朱智故居位于杭州市金钗袋巷,现存两口井,分别在金钗袋巷 79 号与 87 号。

参考文献

曹晓波:《朱智的遗折》,《杭州日报》2008 年 10 月 21 日。

孔祥吉:《惊雷十年梦未醒:档案中的晚清史事与人物》,广东人民出版社,2017 年 5 月。

李文君:《从信札看翁同龢与王文韶、朱智、应宝时的交游》,《常熟理工学院学报》2020 年 1 月(第 1 期)。

"大学士府"里的井引出的故事
——清吟巷古井

杭州上城区清吟巷，有一座气派的大宅院，这是清咸丰年间的军机大臣、后任体仁阁大学士王文韶的宅邸"大学士府"。这座宅院以前有六口水井，说明曾经人丁兴旺，不过现在只有清吟巷3号和11号院内的两口井了。其中一口，临近大学士府的藏书阁，原来是专为藏书阁消防以及浇灌花园的用水，新中国成立初期，这里曾开办了一个幼儿园，因担心孩子掉下井去，故将井填埋。幼儿园搬走后，这里成为军区宿舍，为了方便住户饮水，又把古井挖了出来。另一口井之前主要提供大学士府的厨房用水，保存完好，但不再使用了。这两口古井，就像两只眼睛，默默地凝视着岁月的变迁，人事的更改，那些曾经的人、曾经的故事也仿佛穿越时空而来……

清宣宗道光二十五年（1845），嘉定城外的一个茶馆里，很是热闹。这个茶馆靠近码头，来喝茶的人中有不少游客，但大多数是在码头上讨营生的人，拉车的、卖小吃的、看相算命的，间或也有带人看房的房牙子、说媒拉纤的媒人，也来喝碗茶，解一解夏天的暑热。这茶馆的里屋，一般不让人进去，这里摆开了一个赌桌，一伙人正在这里专心地推着牌九。突然间，里面有人一声大喊："庄家通杀！"旁边一片哀叹："唉……"只听其中有个少年的声音:"这什么世道?把把都输?"旁边一个人说:"文韶,我看你也输得差不多了,还是不要来了吧。"那个叫文韶的少年恨恨地说:"谁说不来?不来,我输的钱怎么赢回来?"有个沙哑嗓子的人高声说:"王文韶,你手气背,每天输,我看你连内裤都快保不住了,哪里去找钱来赌?"周围的人一阵哄笑。

少年王文韶把长辫子往脑后一甩,怒冲冲往外走。外面热闹的场面让他刚才紧张、失望、恼怒的情绪平复了些。这时背后有人喊他的名字,回头一看,原来是酱园老板的儿子,自己的父亲就在酱园里管账,王文韶自己也在里面打打杂。王文韶少年顽劣,酷爱赌博,父亲也管他不住。他一有钱就往赌馆跑,以前还只是几个少年之间赌,后来竟嫌不过瘾,到成人的场合去赌,他哪知道这个里面水深无比,家里的钱也被他输得精光。酱园老板知道王文韶很聪明,只是用歪了地方,平时和王文韶的父亲王又沂一聊起来,王又沂只是摇头叹息。转眼就到十六岁,照理说应该读完蒙学,该如《大戴礼记·保傅》记载的那样——"束发而就大学,学大艺焉,履大节焉。"但王文韶根本就没有这个意识,每天就只想把输的钱赢回来。

酱园老板的儿子见到王文韶,高兴地说:"文韶,我找你好久了,本想回家了,竟在这里碰上你。"王文韶就问是什么事。老板的儿子说:"我父亲请了一个名师,让我跟着好好念书,我父亲说以前发蒙的时候就看出来你很聪明,要我们一起跟着这个先生学,以后我们都可以考功名。"王文韶却没多大兴趣,最后在反复劝说下,答应回去看看。

父亲陪着他去见先生。先生叫钱绎,一个十分儒雅的人,王文韶一见他,就觉得自己和钱先生很亲近。在

清吟巷古井

钱先生的耐心开导下,小文韶终于愿意坐下来好好念书,也要去博取功名,光宗耀祖了。这位钱绎先生字以成,一字子乐,号小庐居士,生于清乾隆三十五年(1770),一辈子不想做官,只是埋头著述。他学问很高,著有《训诂类纂》《尔雅疏证》《方言笺疏》等书。而且钱家是嘉定的名门望族,这次能够请来给两个孩子讲学,真是天大的好事。

王文韶立志读书之后,想起赌博害了自己,悔恨不已,一天,揣着家里的几副骰子和牌九,跑到黄浦江边,全部丢了下去,表示和赌博决裂。王文韶十分聪明好学,把读过的书都"捡起来",文章越做越好。到了道光二十八年(1848),十八岁的王文韶要参加科举。按规定,参加考试要找多人作保。可是王文韶家族一脉十分清贫,找不到人作保。一天,一筹莫展的王文韶听说离嘉定不远的南翔,有位族人王叔彝做了官,正承办江浙漕运事务,要是能找到他作保的话，一定很顺利。于是，王文韶到杭州找到王叔彝，请求帮助。王叔彝见王文韶长相清秀，很是喜爱，就决定帮人帮到底，于是让王文韶冒充仁和县的盐商弟子参加科举考试。从此，王文韶的籍贯变成了仁和县，其父王又沂的身份则变成了"盐商"。王文韶就留在杭州专心读书。后来，钱先生见王文韶读书上进，还把自己的女儿嫁给了王文韶。

王文韶戒赌之后，专心读书，之后处处遇贵人，而自己的好运也接踵而来。咸丰元年（1851），王文韶在乡试中高中举人，第二年，又考中进士。从此踏入了仕途，从户部主事、湖南巡抚一直做到直隶总督、北洋大臣、文渊阁大学士、武英殿大学士，可谓位极人臣，煊赫一时。

还没中举之时，在杭州读书的王文韶一次路过清吟巷，对这里的一个宅院发生了兴趣。他曾看过居住在清吟巷中的族祖王乃斌所著的《红蝠山房诗抄》一书。《红蝠山房诗抄》记述了王氏祖上定居杭州清吟巷的历史及建宅后的奇异传说。王文韶记得书中提到一件异事——王乃斌的高祖王羽舟在康熙年间建造清吟巷老屋时，突然发现飞来五只红色的蝙蝠，绕着屋梁翻飞。中国古人对蝙蝠是有偏爱的，原因是蝙蝠的"蝠"和"福"谐音，这五只蝙蝠，是不是象征着"五福临门"呢？王乃斌（字吉甫，号香雪）曾是杭州享有声誉的文人。虽然这种凭动物来判断祸福吉凶的思维颇有牵强附会之嫌，但王文韶看到这个记述，心里一动：两百年前，自己也是王氏一脉，只是后来家道中落才迁到嘉定，清吟巷是祖上曾经居住过的福地，是自己的根脉所在，寻到了根，就要把根扎在这里。

王文韶对王氏老宅留了心，在任湖南巡抚时，就把这片宅院买了下来，耗费巨资建成自己的家园，命名为"退

清吟巷古井

圃"。他请能工巧匠对宅院设计精心构思,尤其对六口老井,更是在意,不但重新清淘,还将井圈、井栏等都修葺一新。六口老井的水清澈甘甜,王文韶在告老还乡之后,喝着自家的井水泡的茶、煮的饭,那种归根的感觉,让他踏实。王文韶在官场中有"琉璃球"之称,说明其做官十分圆滑精明,退休之后,与一班老友游山玩水,尤其和朱智等以前的同僚一起,做一些公益事业,倒是十分惬意。连帝师翁同龢写信都说十分艳羡他这种生活。

现在,清吟巷的王文韶故居重新修缮,并对外开放,但里面的六口井只剩下两口,不能不说是一种遗憾。为了纪念自己祖上的五只红蝠绕梁之瑞,王文韶曾在正厅东面专门修了一座"红蝠山房",请左宗棠题匾并撰文记之。现在可能没有谁去深究当时的红蝙蝠是什么种类了,要是真出现了,倒是会让现代人很感兴趣的。

清吟巷古井小档案

清光绪时期的军机大臣、体仁阁大学士王文韶故居位于杭州市上城区清吟巷。巷中目前仅存的两口古井在3号和11号院内。

参考文献

李文君：《从信札看翁同龢与王文韶、朱智、应宝时的交游》，《常熟理工学院学报》2020年1月（第1期）。

杭州市人民政府城市管理办公室、政协杭州市上城区委员会编著：《杭州的井》，中国美术学院出版社，2010年。

第八章

银行家宅院里的老井故事
——民国古井

这尊"金菩萨"为啥要在房子旁挖这么多井？

——居仁里金家老井

"来了，来了，金经理来了。"清河坊中国银行杭州分行门口，来挤兑的人因焦虑而使劲往前探的脑袋，突然齐刷刷地转向一边，眼睛里放出光来。这是1916年5月中旬，渐渐热起来的天气让拥成一团的这些人汗流不止，都在想，要是眼前有一口井，一定好好打桶水上来，牛饮一气。空气中飘荡着栀子花的浓香，让人恹恹欲睡。"金经理"三个字，像一个鞭炮炸响，驱散了众人的睡意。

金经理叫金润泉，是民国时期中国银行浙江分行的行长，在金融界很有影响力，有"金菩萨"之称。而他在居住的房子里面和房子周围，挖了好多口水井，自己的床就铺在卧室的一口水井上，这些故事在人们口中传播，也使金润泉这个人充满了神秘的魅力。

大家不能不着急啊，还在三四月份，就从北京那边传来消息，说由于铁路借款、军费支出、政府日常运行开支等非常巨大，北洋政府财政入不敷出，国库空虚，就将交通银行和中国银行当成自家的钱袋子，拼命从两家银行拿钱，两家大行的现金库存已经枯竭。这消息传开，从北京、天津、上海等地的交行和广东、浙江中行开始的挤兑风潮逐步蔓延到全国。北洋政府一筹莫展，5

月12日,当时的国务院发布了震惊全国的中、交两行兑换券停止兑现和存款停止付现的命令。这样无疑是火上浇油。上海金融界拒不执行这个命令,还在《申报》发布广告,表示可以继续收兑钞票。为了维护银行的信誉,使事态不至蔓延,当时任中国银行浙江分行经理的金润泉,出面与杭州商界、银钱业人士商量后,也一致决定反对停兑,并向时任浙江都督兼省长吕公望报告,取得支持。但此时很多人已经挤在中国银行杭州分行的门口,焦急地等待着。有的人问:"蔡谷清是行长,他都不出面,金润泉是经理,能管用吗?"旁边的人说:"你老兄就不懂了,这金经理以前是三品顶戴的大清银行浙江分行行长呢!现在的中国银行浙江分行还是他在主事,怎么不管用?"

正说着话,从东边的街上来了很多辆大车,每辆车上都是很大的木质柜子,上面贴着封条,大车旁边还有背着枪的兵士守护。这时,一个身材不高,长相敦厚的中年男子缓步走到银行门前的台阶上,大声说:"大家请静一静,请听我说几句。"下面拥挤着的人群正盯着钱柜,此时脖子又像鸭子一样齐刷刷往这边扭过来。

"只要我金润泉人在,中国银行就不会倒闭,也不会少大家一分存款一分利息,我金润泉是讲信用的。"金润泉朗声说。大家都拍手叫好。金润泉又说:"各位请看,这是我们浙江分行的现金储备,现在我们把现金入库,大家尽管放心!"

大车上的钱柜开始往下卸,工人们吃力地抬着钱柜往银行里走。来兑现金的人都眼巴巴地盯着。抬了几箱之后,一个年轻工人说:"这钱太重了,歇一歇啊!"另一个工人就怼他说:"你不挣钱养家了?还歇一歇,一身懒骨头。"年轻工人就愤愤地说:"谁懒了?来吧来吧。"几个人就把钱柜往下搬,没想到那工人手没抱住,钱柜一下从大车上掉下来,摔破了!里面皮纸裹着的银元一下就滚落出来,明晃晃的银元暴露在外面。旁边的人一片惊叹:"银元!好多银元!"拿枪的兵士忙把枪取下,摆好架势,让人们退后。

这时,就有人在旁边大声说:"银行的现钱多的是,我们何必忙着在今天来取钱、兑现哦?走喽,回家喝茶吃饭了!"这一喊,人群中就有跟着附和的,当时就走了不少人。接下来的几天,前来取款、兑现的人越来越少,一场风波被平息下来。中国银行浙江分行的信誉和口碑大大提升。而金润泉这位年轻的银行高管也夯实了自己在金融界的地位,那年他才三十八岁。

后来,有人传出,那天中国银行门口的一幕,是金润泉安排的好戏。他知道,要一下子应付这么多的取现和兑换,银行的现金是很紧张的。于是他一方面把金库里的现金都调出应急;另一方面,还找心腹之人,把大石头装进钱柜,贴上封条,冒充现钱。然后准备一箱真的银元,故意让人在现场假装失手打翻,银元暴露在众人眼中,形成了银行现金储备充足的印象。再有人在现场造势,就带动一大群人自动退出挤兑。这一招"危机公关"可谓明修栈道,暗度陈仓,十分高明。

金润泉忙完了银行里的事,就坐上黄包车,往居仁里由义弄十三湾巷自己的宅院——德润堂而去,他在好几个地方都有房子,但他最喜欢的,还是这个德润堂。德润堂占地7亩多,除了房屋、院落、花园都非常气派之外,最大的特点是水井多——整个院子里的水井就有六七口之多。大家口中传说的金家井多倒是事实。

院子之外,金润泉还在宅院附近的里弄中挖了很多井，井圈之上都刻着"德润堂"字号，里弄最早一口老井为1919年所挖。这些井主要是给邻居使用的，属于公井和义井的性质，也是造福桑梓之意。附近的街坊都有点纳闷，金润泉为什么要在自己的住宅旁边挖这么多井呢？更奇怪的是，金润泉自己住的是木板壁房子，房子的床下铺着木板，把木板揭开，下面就是一口井！深不到三米，宽不到一米。这让人很想不通，好好的床，为什么下面是口井，不怕湿气太重吗？

金润泉却住得很舒坦，井口上安床，倒是冬暖夏凉，四周都是泉眼，"金润泉"这三个字就名副其实了。他姓金，有研究五行学说的人对他说，中国古代有"金生水，水生木"的说法。众多的水井，就能滋润着他这棵"大树"。当然，"金生水，水生木"这种说法是金润泉由于自身的时代局限而产生的迷信心理，同时也包含了老百姓对金润泉成功原因的一种臆想。

实际上，金润泉之所以发家，哪里与什么"金生水，水生木"有关，而是因为他有着杭州人的勤奋与精明。他生于杭州萧山金西桥村，祖辈经商，到父亲辈上家道中落，父亲和伯父在杭州兴忠巷开设洽顺染坊，家族境况一般，只是略优于同村村民。金润泉读了三年私塾，十四岁上便入染坊帮忙了，十五岁时，父亲又送他去杭州盐桥乾泰钱庄当学徒。几年后，金润泉历经同兴钱庄、裕源钱庄、宝泰钱庄等磨炼，二十一岁的时候，已经在业内有了名气。1905年，清政府成立"户部银行"，杭州钱业就推荐金润泉赴京应试，他本来有了同乡的举荐信，但并没有通过关系去"走门子"，而是靠优异成绩赢得了考官杭州人陈静斋的好感。1909年2月，经过陈静斋的大力推荐，金润泉成为大清银行浙江分行的经理，这一年金润泉三十二岁。辛亥革命之后，大清银行业务由中国银行接手，金润泉担任中国银行浙江分行的副行

居仁里金家老井

长,后又长期任行长。金润泉在杭州做了很多善事,如支持浙赣铁路和钱江大桥修建,带头募捐,成立"义渡管理委员会",设立"义渡资金",购买小火轮拖驳的大船,代替过去的木船,改为"钱江轮渡"。1934年浙江遭遇大旱,转年又是水灾,金润泉马上成立了"水灾筹赈会",邀请梅兰芳来杭州义演,以筹集赈灾资金。他还担任杭州红十字会会长……因为这些善举,他被杭州人称为"金菩萨"。

新中国成立后,金润泉继续留任中国银行董事、分行经理、总行赴外稽核等职。他于1954年病逝。

现在，金家老宅以及附近的井大多还在，不过已经不能使用了，只能以自己沧桑的面容，引人们去追想、回味这位金融界前辈的传奇了。

居仁里金家老井小档案

金家大院位于清河坊十三湾巷，目前尚存的金家老井于1919年建于居仁里小巷中，井圈上刻有"德润堂私有食井，民国八年"字样。

参考文献

杭州市人民政府城市管理办公室、政协杭州市上城区委员会编著：《杭州的井》，中国美术学院出版社，2010年。

周华诚：《十三湾巷与金家大院》，《杭州日报》2012年3月29日。

丛书编辑部

艾晓静　包可汗　安蓉泉　李方存　杨　流
杨海燕　肖华燕　吴云倩　何晓原　张美虎
陈　波　陈炯磊　尚佐文　周小忠　胡征宇
姜青青　钱登科　郭泰鸿　陶文杰　潘韶京
（按姓氏笔画排序）

特别鸣谢

仲向平　方龙龙　盛久远（系列专家组）
魏皓奔　赵一新　孙玉卿（综合专家组）
夏　烈　陈歆耕（文艺评论家审读组）

图片作者

淳安县博物馆

张国栋　周兔英　蔺富仙（按姓氏笔画排序）